BATTLE

주 의

- 이 책은 전 세계 곳곳에서 다양한 모습으로 살아가는 공중 생물들의 독특한 생활 방식과 생존법, 놀라운 특징을 소개하는 것이 목적이다.

- 공중 생물들의 모습을 정확하게 이해할 수 있도록 생생한 사진들만 모아 수록하였다.

- 이 책에 등장하는 공중 생물들의 명칭이 백과사전 등에 명확하게 등재되어 있지 않은 경우 저술가의 의견에 따른 명칭으로 표기하였다.

戦う空中生物大百科 最強空王決定戦
<TATAKAU KUCHU SEIBUTSU DAIHYAKKA SAIKYO SORAOU KETTEI SEN>
Copyright © Yoshihide Shibata 2019
First published in Japan in 2019 by Seito-sha Co., Ltd.
Korean translation rights arranged with Seito-sha Co., Ltd.
through JM Contents Agency Co.
Korean edition copyright ©2020 by Glsongi Co., Ltd.

이 책의 한국어판 저작권은 JMCA를 통한 저작권자와의 독점 계약으로 ㈜글송이에 있습니다.
저작권법에 의하여 한국 내에서 보호를 받는 저작물이므로 무단 전재와 무단 복제를 금합니다.

사진 제공 · amana images, Aflo, Getty Images, PIXTA,
photolibrary, Shutterstock, 시바타 요시히데, 요시나리 도시타케
디자인 · 시바 토모유키(STUDIO DUNK)
일러스트 · 아이마 타로(e-loop), 이와사키 마사시, 가와사키 사토시,
난바키비, 후루모토 유우야, UR
편집 협조 · 오피스 303(office303)

2024년 8월 20일 초판 4쇄 펴냄

지음 · 시바타 요시히데　**옮김** · 고경옥
펴낸이 · 이성호　**펴낸곳** · (주)글송이
편집/디자인 · 이유미, 이여주, 임주용
마케팅 · 이성갑, 이현정, 문현곤, 이동준
경영지원 · 최진수, 이인석, 진승현

출판 등록 · 2012년 8월 8일 제 2012-000169호　**주소** · 서울시 서초구 능안말 1길 1(내곡동)
전화 · 578-1560~1 **팩스** · 578-1562　**이메일** · gsibook01@naver.com

ISBN 979-11-7018-569-7　74080
　　　979-11-7018-568-0　(세트)

*이 도서의 국립중앙도서관 출판예정도서목록(CIP)은 서지정보유통지원시스템 홈페이지(http://seoji.nl.go.kr)와
　국가자료종합목록시스템(http://www.nl.go.kr/kolisnet)에서 이용하실 수 있습니다.(CIP 제어번호 : CIP2020017710)
*잘못 만들어진 책은 바꾸어 드립니다.

차례

이 책의 본문 구성 ---------- 9

1 강력하다! 싸우는 새　11

참매의 비밀　12

수리의 종류 ---------- 14
│ 솔개·관뿔매·말똥가리

공격 포인트 ---------- 16

가상 배틀 1 ---------- 18
참매 vs 큰부리까마귀

참수리의 비밀　20

수리의 종류 ---------- 22
│ 부채머리수리·그리폰독수리·수염수리
│ 흰꼬리수리·흰머리수리·검독수리

공격 포인트 ---------- 26

가상 배틀 2 ---------- 28
수염수리 vs 아르마딜로

수리부엉이의 비밀　30

올빼미의 종류 ---------- 32
│ 솔부엉이·섬올빼미
│ 칡부엉이·흰올빼미
│ 가시올빼미·북방올빼미

공격 포인트 ---------- 36

가상 배틀 3 ---------- 38
수리부엉이 vs 말똥가리

가상 배틀 4 ---------- 40
흰얼굴소쩍새 vs 박새

흑고니의 비밀　42

오리의 종류 ---------- 44
│ 큰고니·흑고니·캐나다기러기

공격 포인트 ---------- 46

가상 배틀 5 ---------- 48
흑고니 vs 흑고니

캐나다두루미의 비밀　50

두루미의 종류 ---------- 52
│ 두루미·쇠재두루미·검은목두루미

가상 배틀 6 ---------- 54
두루미 vs 흰꼬리수리

안데스콘도르의 비밀　56

가상 배틀 7 ---------- 58
안데스콘도르 vs 분홍사다새

2 놀랍다! 재주가 많은 새 63

매의 비밀 64
매의 종류 66
- 카라카라·황조롱이
- 붉은허벅지콩새매

공격 포인트 68
가상 배틀 8 70
줄무늬카라카라 VS 검은손거미원숭이

괭이갈매기의 비밀 72
갈매기의 종류 74
- 웃는갈매기·재갈매기·붉은부리갈매기
- 북극제비갈매기·쇠제비갈매기·제비갈매기

공격 포인트 78
가상 배틀 9 80
괭이갈매기 VS 아델리펭귄

까마귀의 비밀 82
까마귀의 종류 84
- 뿔까마귀·송장까마귀
- 뉴칼레도니아까마귀
- 잣까마귀·노란부리까마귀·까치

공격 포인트 88
가상 배틀 10 90
까치 VS 흰머리수리

뻐꾸기의 비밀 92
뻐꾸기의 종류 94
- 두견·매사촌·벙어리뻐꾸기

공격 포인트 96
가상 배틀 11 98
뻐꾸기 VS 때까치

댕기물떼새의 비밀 100
물떼새의 종류 102
- 아프리카발톱깃물떼새·민댕기물떼새·꼬마물떼새

가상 배틀 12 104
댕기물떼새 VS 흑꼬리도요

칼새의 비밀 106
칼새의 종류 108
- 바늘꼬리칼새·검은둥지칼새

가상 배틀 13 110
바늘꼬리칼새 VS 매

떼베짜는새의 비밀 112
베짜는새의 종류 114
- 홍엽새·남아프리카베짜기새
- 흑봉황참새

가상 배틀 14 116
떼베짜는새 VS 붐슬랑

3 신기하다! 개성이 강한 새　121

군함조의 비밀　122
- 공격 포인트 -------- 124
- 가상 배틀 15 -------- 126
  - 큰군함조 vs 황금모자과일박쥐

사다새의 비밀　128
- 사다새의 종류 -------- 130
  - 달마시안사다새·분홍사다새
  - 넓적부리황새·아프리카왜가리
  - 황로·왜가리
- 공격 포인트 -------- 134
- 가상 배틀 16 -------- 136
  - 넓적부리황새 vs 미국수리부엉이

꿩의 비밀　138
- 꿩의 종류 -------- 140
  - 코퍼긴꼬리꿩·인도공작·샤모
- 공격 포인트 -------- 142
- 가상 배틀 17 -------- 144
  - 인도공작 vs 아나콘다

토코투칸의 비밀　146
- 왕부리새의 종류 -------- 148
  - 무지개왕부리새·컬크래스트아라카리
  - 에콰도르산왕부리
- 가상 배틀 18 -------- 150
  - 토코투칸 vs 유대하늘다람쥐

벌새의 비밀　152
- 벌새의 종류 -------- 154
  - 자이언트벌새·안나벌새
  - 꿀벌벌새
- 가상 배틀 19 -------- 156
  - 초록자주귀벌새 vs 사막메뚜기

넓은부리쏙독새의 비밀　158
- 쏙독새의 종류 -------- 160
  - 포투·쏙독새·기름쏙독새
- 가상 배틀 20 -------- 162
  - 쏙독새 vs 포투

4 치열하다! 하늘을 나는 곤충　167

잠자리의 비밀　168

잠자리의 종류 ------------ 170
- 밀잠자리·긴무늬왕잠자리
- 나비잠자리·자실잠자리

공격 포인트 ---------------- 172
가상 배틀 21 ---------------- 174
장수잠자리 vs 볼라스거미

사마귀의 비밀　176

사마귀의 종류 ------------ 178
- 꽃사마귀·낙엽사마귀
- 악마꽃사마귀

공격 포인트 ---------------- 180
가상 배틀 22 ---------------- 182
왕사마귀 vs 물총새

매미의 비밀　184

매미의 종류 --------------- 186
- 곰매미·임페라토리아제왕매미·모가니아매미

공격 포인트 ---------------- 188
가상 배틀 23 ---------------- 190
곰매미 vs 일본하늘다람쥐

나비·나방의 비밀　192

나비·나방의 종류 --------- 194
- 일본긴꼬리산누에나방·아게하모도키
- 줄녹색박각시·제왕나비
- 알렉산드라비단제비나비
- 모르포나비

공격 포인트 ---------------- 198
가상 배틀 24 ---------------- 200
아프리카달나방 vs 하트코박쥐

말벌의 비밀　202

말벌의 종류 --------------- 204
- 좀말벌·등검정쌍살벌
- 땅벌

공격 포인트 ---------------- 206
가상 배틀 25 ---------------- 208
장수말벌 vs 왕사슴벌레

거미의 비밀　210

거미의 종류 --------------- 212
- 꼬리거미·긴호랑거미·살받이게거미

공격 포인트 ---------------- 214
가상 배틀 26 ---------------- 216
타란툴라 vs 황조롱이

파리매의 비밀　218

공격 포인트 ---------------- 220
가상 배틀 27 ---------------- 222
파리매 vs 왕사마귀

5 희귀하다! 다양한 공중 생물 225

- 박쥐의 비밀 226
  - 박쥐의 종류 228
    - 불독박쥐·황금모자과일박쥐
    - 흡혈박쥐
  - 공격 포인트 230
  - 가상 배틀 28 232
    - 사마귀입술박쥐 vs 두꺼비
- 하늘을 나는 뱀의 비밀 234
- 날도마뱀의 비밀 235
- 날도마뱀붙이의 비밀 236
- 하늘을 나는 개구리의 비밀 237
  - 가상 배틀 29 238
    - 파라다이스나무뱀 vs 뱀잡이수리
- 날다람쥐의 비밀 240
- 일본하늘다람쥐의 비밀 241
- 유대하늘다람쥐의 비밀 242
- 날원숭이의 비밀 243
  - 가상 배틀 30 244
    - 날다람쥐 vs 올빼미
- 눈표범의 비밀 246
- 캥거루의 비밀 247
  - 가상 배틀 31 248
    - 눈표범 vs 반달가슴곰
  - 가상 배틀 32 250
    - 붉은캥거루 vs 스프링복
- 날치의 비밀 252
- 하늘을 나는 오징어의 비밀 253
- 뭉크쥐가오리의 비밀 254
- 돌고래의 비밀 255
  - 가상 배틀 33 256
    - 돌고래 vs 백상아리

뉴스

- 고대의 공중 생물 60
- 각양각색의 둥지 62
- 날기를 포기한 새 118
- 몸을 보호하는 다양한 방어술 120
- 독을 지닌 새 164
- 화려한 외모와 특기를 지닌 새 166
- 딱정벌레의 비행술 224

이 책의 본문 구성

비밀

무리를 대표하는 공중 생물을 소개하며 어떤 능력을 지녔는지 소개한다.

- **얼굴**
공중 생물의 얼굴과 표정을 먼저 확인할 수 있다.

- **특징**
강력한 신체 부위와 싸움 기술을 3가지 유형으로 나눠서 소개한다.

- **기본 정보** 공중 생물의 특징을 소개한다.

종류

같은 종류의 공중 생물에 대해 설명한다. 그중에서도 특히 강력하고 인기 있는 공중 생물 위주로 소개한다.

- **이름과 특징**
공중 생물의 이름과 특징, 생태를 소개한다.

- **능력치 비교**
4개의 능력을 6단계로 나타낸다.

  파워: 힘의 세기
  지구력: 인내력·체력
  스피드: 이동 속도
  지능: 영리한 정도

- **크기와 서식지** 평균적인 몸길이와 대표적인 서식지를 소개한다.

공격 포인트

공중 생물이 평소에 어떤 싸움을 벌이는지 소개한다.

- **싸움 정보**
  싸움을 둘러싼 상황이나 싸움에 관한 정보를 소개한다.

- **왜 싸울까?**
  무엇을 위해 싸움을 벌이는지 알기 쉽게 설명한다.

가상 배틀

실제로는 일어날 수 없지만, 생물들의 흥미진진한 배틀 상황을 만들어 생생한 일러스트로 보여 준다.

- **배틀 생물**
  배틀을 하는 생물의 이름과 모습, 능력치를 소개한다.

- **능력치**
  대결 상대의 능력치를 소개한다.

- **배틀 모습** 어떤 배틀을 벌이는지 4컷의 장면으로 보여 준다.

강력하다!
싸우는 새

무시무시한 생김새처럼

실제로도 거칠게

싸움을 벌이는 새도 있고,

우아하고 아름다운 모습과는 달리

누구보다 강력한 힘을 발휘하는 새도 있다.

힘세고 싸움 잘하는 새들은

누가 있는지 알아보자.

참매의 비밀

숲속에 사는 새지만, 지금은 도시에서도 찾아볼 수 있다.
한국, 일본, 유럽 등지에 분포한다.

참매는 주로 새나 작은 동물을 사냥한다. 짧고 폭이 넓은 날개와 긴 꽁지를 이용해 숲속을 자유자재로 날아다닌다. 한번 노린 사냥감은 절대로 놓치지 않는다. 먹잇감의 숨통을 끊을 때 물속에 집어넣어서 질식하게 하는 방법을 사용하기도 한다.

크 기	58㎝
서식지	한국·일본·유럽

날카로운 발톱

긴 다리 덕분에 날아가는 새를 잡기 쉽다. 발가락에는 날카롭게 구부러진 발톱이 있는데, 먹잇감의 살에 박히면 쉽게 빠지지 않는다.

⚡ 테크닉

예리한 눈

사람의 눈보다 8배나 자세히 볼 수 있는 눈을 지녔으며 먼 곳에 있는 작은 먹잇감도 정확히 찾아낼 수 있다.

수리의 종류

솔개와 관뿔매, 말똥가리도 참매와 마찬가지로 수리의 한 종류이다. 모두 육식성의 사나운 조류인 '맹금류'에 속한다.

솔개

'삐요르~ 삐요르~' 하고 들리는 특색 있는 울음소리로 유명하다. 항상 날아다니며 땅 위의 사냥감을 노린다. 때로는 사람의 햄버거를 빼앗아 가기도 한다.

크 기	58~69㎝
서식지	유라시아·아프리카·오스트레일리아

물가의 죽은 동물을 먹는 솔개

왕관처럼 생긴 머리의 깃털

사바나에서 원숭이 등을 잡아먹는 거대한 매이다. 자신보다 훨씬 무거운 20kg이나 되는 먹잇감을 붙들고 날아오른다.

크 기	80~90cm
서식지	아프리카

관뿔매

크 기	50~60cm
서식지	한국·일본·유라시아·아프리카

그다지 강해 보이지 않지만, 참매가 사냥해 온 먹잇감을 쉽게 낚아채 버릴 만큼 힘이 세다.

말똥가리

공격 포인트

참매는 나무에 둥지를 틀고 주로 낮에 사냥에 나선다. 도시에서 피르레기나 비둘기, 때로는 자신들과 비슷한 크기의 까마귀를 공격하기도 한다.

먹잇감의 사냥 | 꿩이 놀라서 날아오르는 순간, 달려들어서 목숨을 빼앗는다.

발톱으로 낚아채다!

꿩

나무 사이를 누비다!

숲속 생활
날개를 접은 채 좁은 나무 사이를 부딪치지 않고 자유롭게 날아다닌다.

날개로 숨기다!

먹잇감 보호
한번 잡은 먹잇감은 빼앗기지 않도록 날개로 숨기면서 먹는다.

참수리의 비밀

유빙과 함께 한국, 일본으로 찾아와 겨울을 나는 새이다. 바닷가나 강과 호수에서 볼 수 있다.

날개를 펼친 길이가 2m 50cm나 되는 거대한 수리이다. 바닷가에 살며 주식은 물고기이지만, 여우나 바다표범의 새끼를 잡아먹기도 한다. 한국, 일본, 러시아 등지에만 서식하는 희귀한 새이다.

크 기	88~102㎝
서식지	한국·일본·러시아

강력한 날개
10kg이나 되는 몸을 가볍게 들어 올릴 정도로 날갯짓 힘이 강력하다.

날카로운 발톱
두껍고 튼튼한 발과 날카롭고 기다란 발톱으로 사냥감을 꽉 움켜잡고 놓치지 않는다.

수리의 종류

매와 수리는 같은 종류로 주로 덩치가 큰 쪽을 '수리'라고 하며, 작은 쪽을 '매'라고 한다. 수리 중에는 커다란 새가 많다.

부채머리수리

크 기
89~105㎝

서식지
중앙아메리카·남아메리카

붉은코코아티

정글에 사는 대형 수리이다. 20cm나 되는 긴 발톱으로 원숭이나 나무늘보의 숨통을 단번에 끊는다. 강력한 조류 중 하나이다.

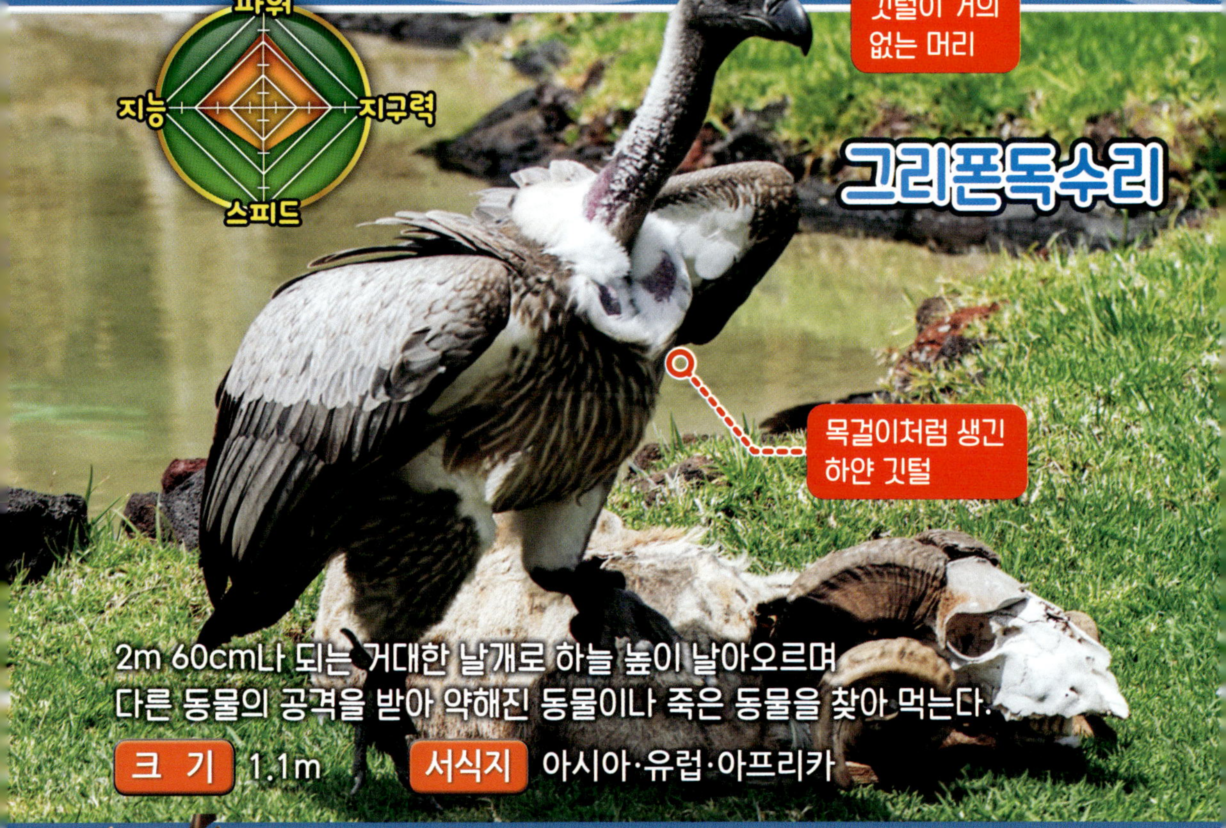
파워
지능
지구력
스피드
깃털이 거의 없는 머리
목걸이처럼 생긴 하얀 깃털

그리폰독수리

2m 60cm나 되는 거대한 날개로 하늘 높이 날아오르며 다른 동물의 공격을 받아 약해진 동물이나 죽은 동물을 찾아 먹는다.

크 기 1.1m **서식지** 아시아·유럽·아프리카

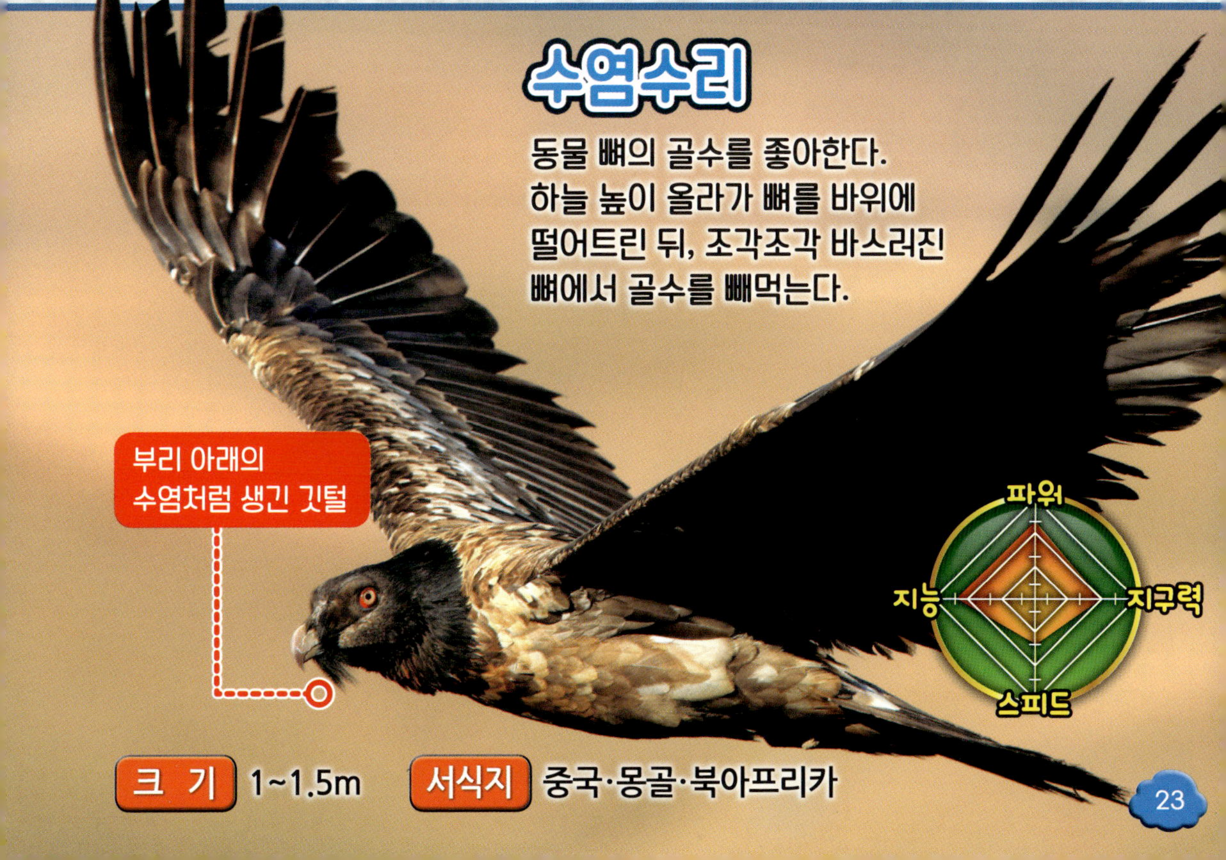
부리 아래의 수염처럼 생긴 깃털
파워
지능
지구력
스피드

수염수리

동물 뼈의 골수를 좋아한다. 하늘 높이 올라가 뼈를 바위에 떨어트린 뒤, 조각조각 바스러진 뼈에서 골수를 빼먹는다.

크 기 1~1.5m **서식지** 중국·몽골·북아프리카

수리의 종류

흰꼬리수리

물고기를 주로 잡아먹지만, 갈매기 등을 공격하기도 한다. 서로 먹이를 차지하기 위해 상대와 치열하게 몸싸움을 벌인다. 꽁지깃은 흰색을 띠며 나이에 따라 차이가 있다.

흰색 꽁지깃

크 기	76~98㎝
서식지	한국·일본·북유럽

흰머리수리

흰색 머리

미국을 대표하는 새이다. 물고기 외에도 하늘을 날다 급강하해서 기러기나 멧토끼를 발톱으로 습격한다.

크 기 71~96㎝
서식지 북아메리카

검독수리

날아오르는 힘이 강해서 사슴의 새끼 같은 동물도 쉽게 들어 올린다. 또한 부리와 발톱이 날카로워서 동물을 잡는 데 적합하다. 깊은 산속에 살면서 산토끼, 꿩, 뱀 등을 잡아먹는다.

크 기 78~95㎝
서식지 북반구

공격 포인트

참수리는 여름에는 주로 러시아에서 머물다가 겨울이 되면 한국, 일본으로 찾아와 겨울을 나는 철새다. 혹독한 겨울을 이겨 내기 위해 서로의 먹이를 빼앗기도 한다.

먹잇감의 사냥 | 하늘을 날며 먹잇감을 찾는다. 먹잇감을 발견하면 급강하해서 날카로운 발톱으로 움켜쥐고 날아오른다.

강력한 발톱으로 낚아채다!

먹잇감을 발견하고 급강하하는 모습

먹잇감 쟁탈전

겨울은 먹잇감이 적어서 먹이 쟁탈전을 피할 수 없다. 몸싸움을 벌이거나 발톱으로 상대를 공격해서 서로에게 상처를 주기도 한다.

서로를 공격하다!

장시간 비행

날개를 펼친 길이가 2m 50cm나 될 정도로 거대해서 상승 기류를 타고 날아오르면 날갯짓을 거의 하지 않고도 장시간 날 수 있다.

에너지를 절약하다!

가상 배틀 2

먹잇감을 찾아 날아다니던 수염수리가 아르마딜로를 발견했다! 날카로운 발톱과 딱딱한 갑옷으로 무장한 아르마딜로는 수염수리의 공격을 막아 낼 수 있을까?

공격력과 방어력의 대결

수염수리 VS **아르마딜로**

➡ P23

먼저 공격하는 수염수리! 아르마딜로는 발톱으로 반격을 시도합니다!

①

수리부엉이의 비밀

커다란 몸집과 강인함 때문에 강력한 새라고 알려져 있다. 자신보다 훨씬 큰 사슴을 공격하기도 한다.

 테크닉

밤에도 볼 수 있는 눈
캄캄한 어둠 속에서도 정확하게 볼 수 있는 눈을 지녔다.

 파워

날카로운 발톱
먹잇감의 몸통을 관통하는 발톱은 끝이 뾰족하고 구부러져서 한번 움켜잡으면 쉽게 빠지지 않는다.

⚡ 테크닉

소리를 내지 않는 날개
날개깃 가장자리에 톱니처럼 생긴 미세한 돌기가 잔뜩 돋아 있어서 날개를 퍼덕여도 소리가 나지 않는다.

귀처럼 보이는 우각(귀 모양의 깃털)

올빼미 종류의 깃털

날개를 펼친 길이가 1m 65cm나 되는 거대한 부엉이다. 수리와 매, 여우 등을 먹잇감으로 하는 최강 조류이다. 밤에 조용히 등 뒤에서 달려들어 강력한 악력(무엇을 쥐는 힘)과 날카로운 발톱으로 먹잇감의 목숨을 단번에 빼앗아 버린다.

크 기 70cm　**서식지** 유라시아

올빼미의 종류

올빼미와 부엉이 모두 올빼미의 일종이다. 귀처럼 생긴 우각이 있는 쪽을 부엉이라고 하고 우각이 없는 쪽을 올빼미라고 하지만 예외도 있다.

솔부엉이

발로 먹이를 잡고 먹는 새끼

머리에 우각이 없고, 꽁지깃이 길다. 밤에 장수풍뎅이나 나방과 같은 곤충을 잡아먹는다. '호~ 호~' 하고 우는 소리가 올빼미와 비슷해서 헷갈리기 쉽다.

크 기	29cm
서식지	한국·동남아시아

섬올빼미

일본과 러시아에 서식하는 세계 최대급 올빼미이다. 주로 강에 사는 물고기를 잡아먹지만 까마귀나 다람쥐 등을 사냥하기도 한다.

크 기 63~70㎝

서식지 일본·러시아(동부)

밤에 말뚝 위에 올라가 조용히 숨죽이고 있다가 근처를 지나가는 쥐 소리를 들으면 발로 제압해 목숨을 빼앗는다.

크 기 35~37㎝   **서식지** 북반구

호랑이처럼 생긴 무늬

칡부엉이

가시올빼미

여우나 땅다람쥐 등이 파 놓은 땅굴에 산다. 다른 올빼미들과는 달리 특이하게도 밤보다 낮에 활동을 한다.

크 기	19~25㎝
서식지	북아메리카·중앙아메리카·남아메리카

북방올빼미

크고 둥근 얼굴로 여러 가지 소리를 모아서 작은 소리까지 놓치지 않고 들을 수 있다. 눈 속에 숨어서 보이지 않는 쥐까지도 소리로 찾아내 잡아먹는다.

크 기	59~69㎝
서식지	북반구

공격 포인트

수리부엉이가 밤에 사냥하는 이유는 낮에 활동하는 생물과 먹이 쟁탈전을 피하기 위해서이다. 암흑 속에서도 사냥할 수 있는 기술과 힘을 지녔다.

먹잇감의 사냥

앞쪽을 향한 발가락 2개와 뒤쪽을 향한 발가락 2개로 강력하게 움켜쥘 수 있다. 수리부엉이에게 습격을 당하면 매도 이겨 낼 재간이 없다.

발톱으로 움켜쥐다!

앞뒤로 각각 2개씩 솟아 있는 뾰족한 발톱

매

소리로 찾아내다!

먹잇감의 탐색
둥글고 넓적한 얼굴은 소리를 모으는 역할을 한다. 앞이 거의 보이지 않는 칠흑 같은 어두운 밤에도 소리만으로 먹잇감을 찾아낼 수 있다.

적을 속이는 위장술
위험을 감지하면 새끼는 날개를 특이한 모양으로 펼쳐서 몸을 커다랗게 만든다. 적을 쫓아내기 위해 위협하는 행동이다.

날개로 위협하다!

적을 위협하는 새끼

가상 배틀 3

정지 비행이나 저공 비행 등 비행술이 뛰어난 말똥가리와 힘이 센 수리부엉이가 맞붙었다! 최후의 승자는 누구?

맹금류의 대결

수리부엉이 VS **말똥가리**

➡ P15

①
부웅
팟
쪽!

말똥가리가 낮잠을 자는 수리부엉이를 습격합니다!

가상 배틀 4

흰얼굴소쩍새는 몸집이 그다지 크지 않지만, 힘은 매우 세다. 이에 맞서는 작은 박새 무리의 필살기는 과연 무엇일까?

낮과 밤의 대결

흰얼굴소쩍새 VS 박새

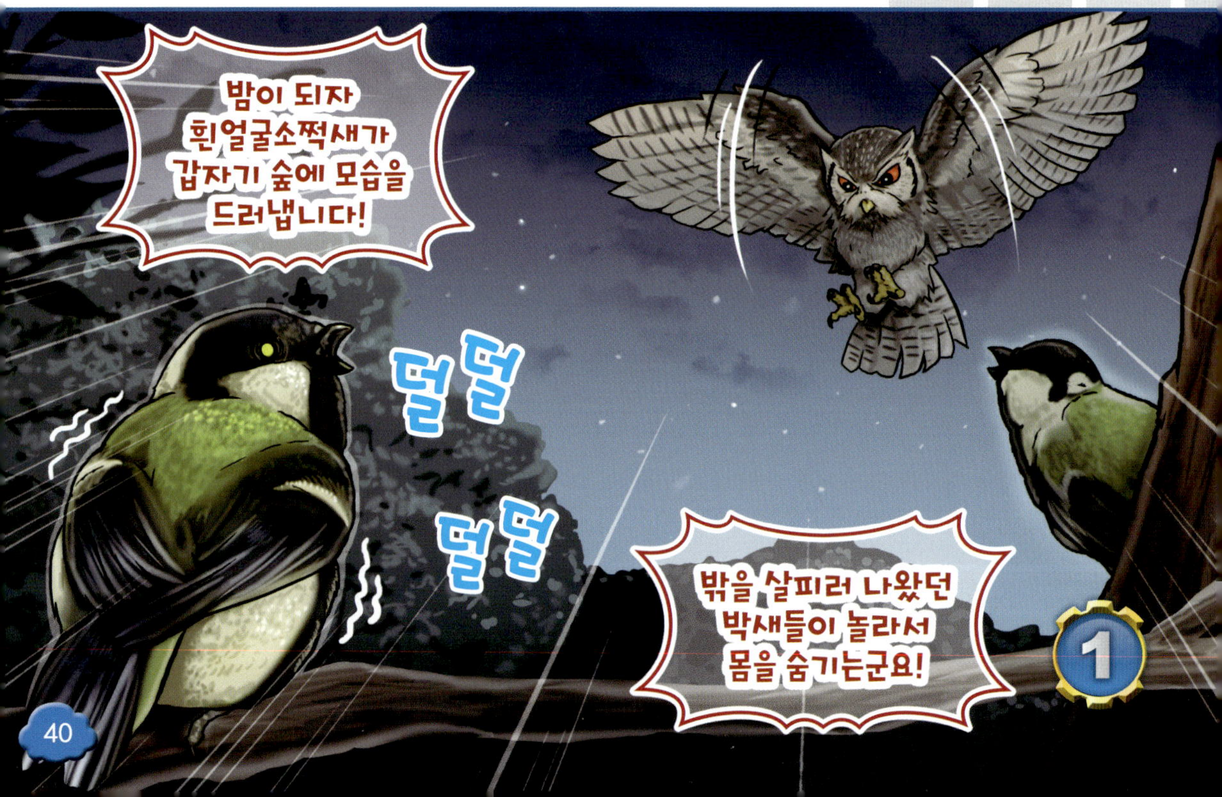

밤이 되자 흰얼굴소쩍새가 갑자기 숲에 모습을 드러냅니다!

떨떨 떨떨

밖을 살피러 나왔던 박새들이 놀라서 몸을 숨기는군요!

①

② 하지만 낮이 되자 잠든 흰얼굴소쩍새를 박새들이 에워쌉니다!

휘익 휘익 휘익

어? 그런데 흰얼굴소쩍새의 모습이 보이지 않습니다! 숲의 평화가 찾아온 걸까요?

두리번 두리번

③

④ 그 순간, 갑자기 나타난 흰얼굴소쩍새가 박새를 덮치고 맙니다!

끄아악

※흰얼굴소쩍새는 위험을 감지하면 몸통을 가늘게 만들어서 나뭇가지처럼 위장한다.

흰얼굴소쩍새의 승리!

혹고니의 비밀

주황색 부리와 검은 혹처럼 나 있는 돌기가 다른 고니와 구분되는 특징이다.

⚔️ 파워

강력한 날개 힘

15kg이나 되는 몸을 하늘로 들어 올릴 만큼 날개의 힘이 매우 세다. 날개로 맞으면 뼈가 부러질 정도로 위협적이다.

겉모습은 우아해 보이지만, 사실은 굉장히 사나운 새이다. 특히 혹고니의 성격은 매우 난폭하다. 개나 여우 등 자신을 잡아먹으려고 다가오는 상대에게 주눅 들지 않고 돌진한다. 사람도 두려워하지 않는다.

크 기 1.52m   **서식지** 서아시아·동유럽

휘감아서 공격

평소에는 긴 목을 구부러트리고 있을 때가 많다. 싸울 때는 목을 휘감아서 상대가 꼼짝 못하게 만든다.

날카로운 부리

부리의 가장자리가 뾰족뾰족해서 세게 물리면 통증이 심하다.

오리의 종류

고니와 기러기는 오리의 일종이다. 가족이 함께 생활하며, 겨울에 한국으로 올 때도 가족이 함께 여행에 나선다. 가족을 보호하기 위해 용감하게 싸우기도 한다.

큰고니

먼 거리를 비행

'겨울의 귀한 손님'으로 유명하며 한국, 인도, 일본, 중국 등지에서 겨울을 난다. 날개를 펼치면 2m나 되는 커다란 새이다.

크 기	1.4m
서식지	유라시아 북부

흑고니

오스트레일리아에 서식하는 온몸이 검은색인 고니이다. 날개를 들어 올려서 적을 위협하는 행동은 흑고니와 닮았다.

크 기	1.25m
서식지	오스트레일리아

캐나다기러기

북아메리카에 서식하는 기러기이지만, 외국으로 보내진 캐나다기러기가 야생에 적응하여 지금은 세계 곳곳에서 살고 있다. 여우를 이길 정도로 성격이 사납다.

크 기	1.1m
서식지	북아메리카

공격 포인트

흑고니는 몸집이 크고 날개 힘이 세서 놀라게 하면 사람도 위험해진다. 위협하는 자세를 무시하고 가까이 다가가면 다칠 수도 있다.

적을 향해 돌진 | 날개를 펼치고 상대를 향해 거침없이 달려든다.

거침없이 달려들다!

위협하는 모습

우아하게 보이지만, 날개를 반쯤 펼치고 높이 들어 올리는 자세는 상대를 위협하는 모습이다. 이러한 자세를 취한다면 멀리 떨어지는 편이 좋다.

날개를 펼치다!

가족을 보호

특히 주변을 경계하고, 공격적일 때는 새끼를 키우는 시기이다. 가까이 접근하면 무엇이든 내쫓는다.

날아가서 내쫓는다!

캐나다기러기

캐나다두루미의 비밀

두루미 중에서는 몸집이 작은 편이다. 온몸은 회색이고, 이마와 머리 상단 부분에는 붉은 무늬가 있다.

북아메리카에 사는 소형 두루미이다. 암수의 생김새는 비슷하지만, 일반적으로 수컷이 암컷보다 크다. 자신의 세력권을 지킬 때는 상대를 세차게 발로 차며 싸움을 벌인다. 날카롭고 뾰족한 부리도 강력한 무기다.

크 기	95cm
서식지	북아메리카

무리를 지어 이동

파워

날카로운 부리
큰 물고기의 몸통을 뚫어서 구멍을 낼 정도로 부리의 위력은 엄청나다. 한 지점을 노리고 부리로 꾹 찌른다.

파워

긴 다리
긴 다리는 멀리 떨어진 상대까지 쉽게 닿을 수 있다. 뾰족한 발톱으로 상처를 입히기도 한다.

두루미의 종류

두루미는 시베리아 지방과 일본 홋카이도 등지에서 번식한다. 겨울에는 중국과 한국으로 와서 겨울을 난다.

파워
지능 지구력
스피드

머리 윗부분은 피부가 드러나 붉은색을 띤다.

두루미

날개를 편 길이가 2.4m나 되는 대형 조류이다. 목이 길고 소리를 내는 기관도 길어서 우는 소리가 크다. 일본의 홋카이도산 두루미는 번식지를 크게 벗어나지 않는 텃새이다.

크 기 1.4m
서식지 일본 홋카이도·러시아 동부

쇠재두루미

몽골의 대초원에서 새끼를 키우며 인도에서 겨울을 보내는 철새이다. 두루미 중에서는 몸집이 작은 편이지만, 8000m가 넘는 히말라야산맥을 매년 넘어 다니는 놀라운 능력자이다.

- 크 기 : 95㎝
- 서식지 : 아시아

검은목두루미

- 크 기 : 1.15m
- 서식지 : 유라시아

유럽에서 '두루미'라고 하면 이 새를 이르는 말이다. 한국에는 11월에 찾아와서 이듬해 3월에 날아가는 겨울새이다. 번식기에는 가족이 함께 세력권을 지켜 낸다.

안데스콘도르의 비밀

동물 사체에 머리를 파묻고 먹는 습성 때문에 머리가 더러워지지 않도록 머리에는 깃털이 나지 않는다.

 테크닉

거대한 날개

날개를 펼친 길이가 3m가 넘어서 상승 기류에 안정적으로 올라탈 수 있다. 따라서 날갯짓을 하지 않아도 오랫동안 하늘을 날 수 있다.

세계에서 가장 큰 새로, 날개를 펼치면 3m 20cm가 넘는다. 높은 하늘에서 커다란 날개를 펼치고 천천히 돌아다니며 땅 위의 죽어 있는 동물을 찾아서 먹는다. 때로는 먹이를 찾아 매일 250km나 되는 거리를 왕복하기도 한다.

크 기 1~1.3m　　**서식지** 남아메리카의 안데스산맥

🗡 파워

면도날 같은 부리

부리의 가장자리가 마치 면도날처럼 날카로워서 고기를 싹둑 자를 수 있다. 살짝 물리기만 해도 크게 다친다.

동물 사체를 먹는 모습

고대의 공중 생물

사람이 탄생하기 훨씬 전, 지구에는 이미 놀라운 생물들이 하늘을 날아다니며 생활했다.

프테라노돈

하늘을 나는 괴물 탄생!

지금으로부터 약 2억 2500만 년 전, 날개로 하늘을 날아다니는 '익룡'이 탄생했다. 앞다리의 네 번째 발가락부터 뒷다리까지 연결되는 얇은 막(피막)이 날개 역할을 하였다. 뼈 안이 빨대처럼 텅 비어 있어서 몸이 매우 가벼웠다. 프테라노돈은 거대한 익룡으로, 커다란 날개를 펼치면 9m에 이르렀지만, 그에 비해 무게는 20kg 정도에 불과했다고 한다.

미크로랍토르

약 1억 2500만 년 전에 등장했으며, 4개의 다리에 모두 날개가 달린 하늘을 나는 공룡이다. 공중에서 미끄러지듯이 앞으로 나아가는 '활공'을 했다고 한다. 깃털 색이 검은색이었다는 것도 밝혀졌다.

다리에 달린 날개!

시조새

약 1억 5000만 년 전에 등장한 깃털을 지닌 공룡으로 날개와 꼬리, 부리를 지녔다. 하지만 이빨이 있는 등 새와 공룡의 특징을 모두 가지고 있어서 지금의 조류는 시조새의 직접적인 후손이 아니라고 한다.

날카로운 이빨!

사실은… 이런 생물도 존재했다고?

메가네우라

공룡이 나타나기 훨씬 전인 약 3억 년 전에는 까마귀보다 큰 잠자리인 메가네우라가 하늘을 날아다녔다. 자신보다 작은 곤충을 잡아먹었다고 한다.

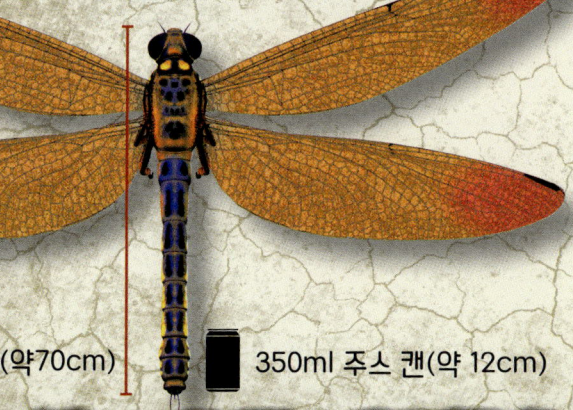

(약70cm)   350ml 주스 캔(약 12cm)

각양각색의 둥지

하늘을 나는 새들에게도 돌아갈 집이 필요하다.
각양각색의 둥지에는 생존을 위한 지혜가 가득 담겨 있다.

바야위버

임산부의 배처럼 불룩한 둥지를 짓는 일은 수컷의 임무이다. 둥지를 만드는 중간에 암컷에게 보여 줘서 확인받는다. 암컷의 마음에 들면 짝을 이루고 둥지를 완성한다.

대롱대롱 매달린 둥지!

등붉은아궁이새

남아메리카에 서식하는 등붉은아궁이새는 튼튼한 둥지를 좋아한다. 나무 위나 집의 지붕 위처럼 높은 곳에 올라가 진흙과 풀을 섞어 발라 벽돌처럼 단단한 집을 짓는다.

벽돌처럼 단단한 둥지!

호주숲칠면조

오스트레일리아의 숲속에서 낙엽이나 흙을 산처럼 쌓아 올려 둥지를 만든다. 그곳에 알을 낳은 뒤, 낙엽이 썩을 때 발생하는 열로 알을 부화시킨다.

산처럼 쌓은 거대한 둥지!

놀랍다! 재주가 많은 새

상상을 뛰어넘는
엄청난 스피드와 놀라운 지능,
천적으로부터 살아남기 위한 지혜 등
누구보다 특별한 재주를 지닌
새들이 존재한다.
어떤 새들이 있는지 알아보자.

매의 비밀

날카로운 부리와 발톱, 날렵한 날개를 가졌다.
특히 비행 속도와 사냥 기술이 뛰어난 새로 알려져 있다.

 **스피드**

고속에 적합한 날개
길고 끝이 뾰족한 날개는
빠른 속도로 날아가기에
적합하다.

시속 300km로 급강하해서 날아가는
새를 덮치는 맹금류이다. 하늘 높이 날다가
총알처럼 떨어지므로 공격을 당한 사냥감은
상황 파악도 하지 못한 채 목숨을
잃고 만다. 매가 한번 점찍은 사냥감은
꼼짝없이 최후를 맞이한다.

크 기 42~49㎝
서식지 전 세계 거의 모든 지역

 **파워**

뾰족한 발톱
기다란 발가락에는
공중에서 사냥감의
몸통을 깊고 정확하게
찌를 수 있는 날카로운
발톱이 달려 있다.

테크닉

사냥감의 목뼈를 부러트리는 부리

부리에는 먹잇감의 목뼈를 부러트리기에 좋은 작은 톱니 모양의 돌기가 돋아 있다.

매의 종류

매의 종류 중에는 새와 작은 동물, 곤충 등을 잡아먹는 사냥꾼이 많지만, 그중에는 동물의 사체를 먹는 특이한 습성을 가진 매도 있다.

줄무늬카라카라

카라카라

남방카라카라

동물의 사체나 도마뱀, 곤충 등을 잡아먹는다. 성질이 공격적이고 사나워서 콘도르의 먹이를 가로채기도 한다.

크 기	50~60cm
서식지	중앙아메리카·남아메리카

황조롱이

대도시에서도 쉽게 볼 수 있다. 빌딩이나 기찻길에 둥지를 틀고 번식한다. 급강하해서 땅 위의 쥐와 참새를 잡아먹는다.

크 기	33~39㎝
서식지	한국·유라시아·아프리카

참새 정도의 크기로 높은 나무 꼭대기에서 작은 새나 곤충을 찾아 공격한다.

붉은허벅지콩새매

크 기	14~16㎝
서식지	동남아시아

공격 포인트

매는 엄청난 속도와 다양한 비행술로 다른 새를 잡아먹는다. 하지만 자신보다 큰 새로부터 공격의 대상이 될 때도 많다.

먹잇감의 사냥

하늘 높은 곳에서 날개를 움츠리고 급강하해서 사냥감의 머리 위를 덮친다. 부리로 목을 물어 목뼈를 부러트려서 목숨을 빼앗는다.

머리 위를 **덮치다!**

비둘기

목을 물어서 목뼈를 부러트린다.

공중에서 대결하다!

매와 까마귀의 배틀

까마귀는 매보다 몸집이 크고 사나운 상대이지만, 매는 뛰어난 비행술로 까마귀의 공격을 거뜬히 받아친다.

햇빛을 반사하다!

검은색 무늬의 비밀

눈 아래에서 볼까지 이어지는 검은색 무늬가 햇빛을 반사해서 눈부심 현상을 막아 준다. 야구 선수들도 매처럼 눈 밑에 검은색 테이프를 붙이기도 한다.

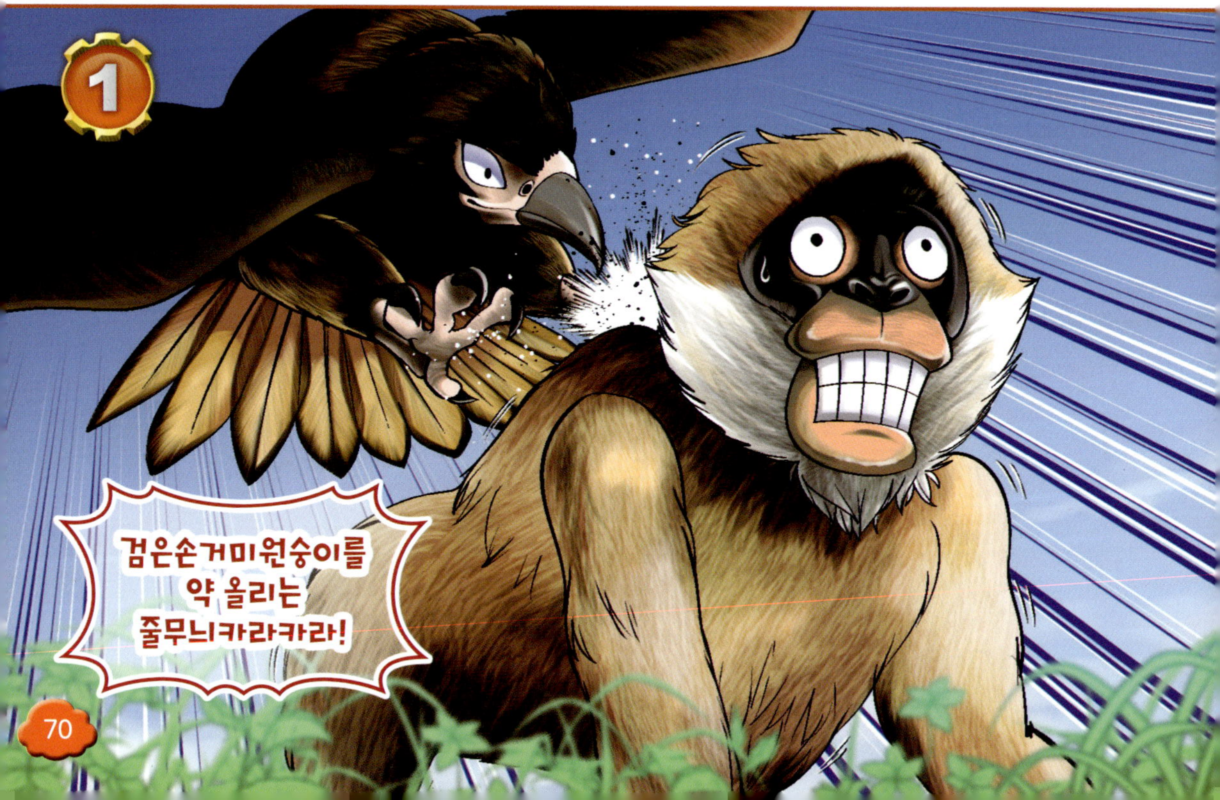

괭이갈매기의 비밀

갈매기의 대부분은 철새이다. 하지만 괭이갈매기는 일 년 내내 우리나라에서 사는 텃새이다.

노란색 부리에 검은색과 붉은색의 띠무늬

쓰임새가 다양한 부리

부리 끝은 살짝 아래로 구부러져 있다. 길쭉하고 뾰족한 부리는 먹잇감을 찌르거나 필요한 물건을 집는 등 다양하게 활용된다.

울음소리가 고양이 울음소리와 비슷하다. 물고기 떼가 있는 곳에 잘 모이기 때문에 어장을 찾는 데 도움을 주어 예로부터 어부들의 사랑을 받았다. 꽁지깃이 검은색인 것도 다른 갈매기와 구별되는 특징이다. 물고기와 바다 생물, 쓰레기와 과자까지 무엇이든 먹어 치운다.

크 기 48cm **서식지** 한국·일본

야옹 야옹

고양이와 비슷한 울음소리

검은색 꽁지깃

⚡ 테크닉

발의 물갈퀴

발가락 사이에 물갈퀴가 있어서 바다에서 능숙하게 헤엄칠 수 있다. 다만 바닷속으로 잠수하지는 못한다.

73

갈매기의 종류

갈매기 중에는 다른 새의 먹잇감을 가로채는 종류가 많다. 바로 옆에서 노리거나 먹이를 잡아 올 때까지 숨죽여 기다리기도 한다.

웃는갈매기

울음소리가 사람의 웃음소리와 비슷하다고 해서 붙여진 이름이다. 물고기와 음식물 쓰레기 등 무엇이든 가리지 않고 먹는다.

하 하 하

핫 핫 핫

- 크기: 36~41cm
- 서식지: 북아메리카·중앙아메리카·남아메리카

붉은부리갈매기 부모 새
(여름 깃은 머리가 검은색)

붉은부리갈매기의 새끼

재갈매기

아래쪽 부리에 난 붉은색 얼룩점이 특징이다. 바닷새들의 번식지에서 다른 새의 새끼를 잡아먹기도 한다.

크 기 56~61㎝　**서식지** 아시아·북아메리카·유럽

붉은부리갈매기

계절에 따라 이동하는 철새로 겨울에 한국, 일본 등지로 찾아와 겨울을 난다. 눈이 검고 귀여운 얼굴을 하고 있지만, 쥐 등을 거리낌 없이 잡아먹는다.

겨울 깃은 머리가 흰색

크 기 38~43㎝

서식지 유라시아

갈매기의 종류

북극제비갈매기

4~8월에는 북극에서 새끼를 키운다.

북극과 남극을 오가는 철새이다. 매우 먼 거리를 이동하는데, 1년에 약 9만 6천 km를 날아다닌다고 한다.

크 기	33~38㎝
서식지	북극·남극

바닷가 자갈밭이나 강가 모래밭에서 큰 무리를 이루며 새끼를 키운다. 먹이를 발견하면 재빨리 물속으로 뛰어들어 부리로 잡는다.

크 기 22~28㎝

서식지 한국·일본·유라시아·아프리카

쇠제비갈매기

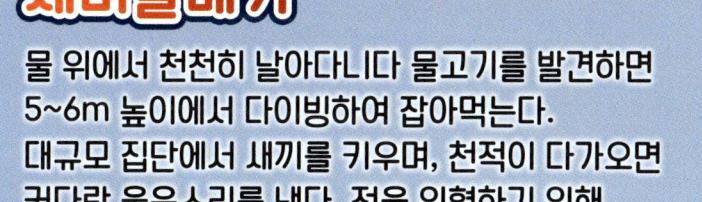

제비갈매기

물 위에서 천천히 날아다니다 물고기를 발견하면 5~6m 높이에서 다이빙하여 잡아먹는다. 대규모 집단에서 새끼를 키우며, 천적이 다가오면 커다란 울음소리를 낸다. 적을 위협하기 위해 배설물 폭탄을 떨어트리기도 한다.

크 기 32~39㎝　　**서식지** 한국·일본·유라시아·북아메리카

공격 포인트

괭이갈매기가 대규모 집단을 형성해서 새끼를 키우는 장소는 천연기념물로 지정되어 보호받고 있다. 집단생활의 좋은 점도 많지만, 싸움의 원인이 되기도 한다.

집단으로 키우다!

새끼를 돌보는 모습

천적으로부터 새끼를 보호

수만 마리나 되는 새가 모여서 둥지를 만들고 새끼를 키운다. 감시하는 눈이 많아서 적이 나타나면 금방 알아챈다.

다친 새끼

둥지를 지키다!

둥지에 접근하면 가차 없이 공격

자신의 둥지에 다른 새끼가 다가오면 그 둥지의 부모 새는 가차 없이 다른 새끼를 쪼아서 쫓아 버린다. 자신의 새끼는 필사적으로 보호한다.

치열하게 싸우다!

세력권 다툼

둥지를 틀기에 적당한 장소가 갈매기의 수에 비해 부족해서 자리를 차지하기 위한 싸움이 자주 벌어진다.

싸우는 모습

가상 배틀 9

바다 위 하늘을 누비는 괭이갈매기와 바닷속을 자유롭게 오가는 아델리펭귄이 마주쳤다. 날지 못하는 펭귄의 반격 작전은 과연 무엇일까?

비행과 수영의 대결

괭이갈매기 VS **아델리펭귄**

괭이 갈매기가 아델리펭귄을 공격합니다!

①
타
악

까마귀의 비밀

어디에서나 쉽게 찾아볼 수 있는 매우 흔한 새 중의 하나이다. 몸통 색이 새카맣지 않은 까마귀도 있다.

파워 / 지능 / 지구력 / 스피드

⚡ 테크닉

영리한 두뇌

나중에 먹기 위해 1000개의 먹이를 숨겨 놓고, 그 장소를 정확히 기억할 정도로 머리가 좋다. 우리나라 전역에 걸쳐 번식하는 흔한 텃새이다.

도시뿐 아니라 숲이나 사막, 고산 지대에 이르는 모든 장소에 서식하는 새이다. 호두를 차에 던져서 껍데기를 까는 등 지능이 매우 뛰어난 새로 유명하다. 전 세계에 약 120종이 존재한다.

- 크 기 : 20~69cm
- 서식지 : 남극과 뉴질랜드를 제외한 전 세계

부리가 크고 두꺼운 큰부리까마귀

파워
발로 차서 공격
사람을 공격하기도 한다. 낮게 날거나 급강하해서 사람의 머리를 뒤에서 발로 찬다.

파워
다양하게 사용되는 부리
부리로 무언가를 깨거나 부수고, 작은 물건까지 집는 등 다양한 용도로 사용한다.

까마귀의 종류

까마귀는 전 세계의 거의 모든 곳에 서식하며, 저마다 도구를 사용하거나 나무 열매를 저장하는 등 다양한 기술과 지혜를 지녔다.

뿔까마귀

유럽에 서식하는 흑백 까마귀이다. 다른 까마귀와 마찬가지로 잡식성이며, 죽은 동물을 먹어 치우는 청소부 새이다.

- 크 기 48~52㎝
- 서식지 유럽

머리에 두건을 쓴 것처럼 검은색 얼굴

송장까마귀

부리 끝이 좁다.

밭이나 넓게 뚫린 장소에 서식한다. 자동차가 밟고 지나가도록 호두를 던져서 깨 먹기도 하고, 수도꼭지를 열어서 물을 마시기도 하는 등 머리가 좋다.

크 기 50㎝ **서식지** 유라시아

뉴칼레도니아까마귀

남태평양의 섬나라인 뉴칼레도니아에 서식하며 세계에서 가장 지능이 뛰어난 까마귀로 알려졌다. 도구를 사용해서 나무 속에 숨은 벌레를 잡아먹는 기술을 사용한다.

크 기 40㎝ **서식지** 뉴칼레도니아

까마귀의 종류

잣까마귀

어두운 밤색 몸통에 흰색 얼룩무늬가 마치 밤하늘의 별처럼 보인다.

높은 산에 살며 소나무류의 열매를 먹는다. 열매를 곳곳에 숨겨 놓고 나중에 찾아 먹는다.

- 크기: 35㎝
- 서식지: 유라시아

나무 열매를 여러 곳에 저장해 둔다.

노란부리까마귀

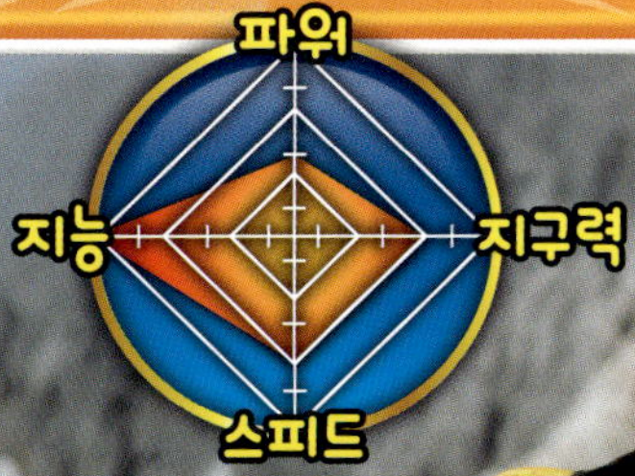

부리가 노란색이어서 '노란부리'라는 이름이 붙었다. 다른 어떤 새보다 높은 곳에 둥지를 짓는다. 특히 알프스산맥에서 많이 볼 수 있다.

| 크 기 | 37~39cm |
| 서식지 | 알프스산맥·히말라야산맥 |

까치

까치는 까마귀의 일종이다. 둥지를 중심으로 한곳에서 사는 텃새로, 죽은 동물이나 과일 등 여러 가지를 먹는다.

칠월 칠석날 까마귀와 까치가 머리를 맞대어 하늘에 다리를 놓아, 견우와 직녀를 만나게 해 준다는 전설이 전해져 내려온다.

| 크 기 | 45cm |
| 서식지 | 유라시아 |

공격 포인트

까마귀는 먹잇감을 가로채기 위해 맹금류 근처를 맴도는 등 대담한 행동도 서슴지 않는다. 둥지를 지키기 위해 사람과도 싸움을 벌인다.

집단으로 공격하다!

흰매

사냥감 가로채기 | 까마귀 여러 마리가 모여서 흰매가 사냥한 새를 가로채려고 한다.

호두를 던지다!

지혜를 발휘
딱딱한 호두를 하늘에서 길 위로 던져서 포개 먹는다. 배우지 않아도 타고난 지능으로 지혜를 발휘한다.

포개서 먹은 호두

울어서 위협하다!

옷걸이로 지은 둥지

까악~
까악~

둥지 보호
누군가 둥지에 접근해 오면 사람이라도 용감하게 대적한다. 울음소리로 위협하며 공격할 때는 언제나 발로 찬다.

가상 배틀 10

지능형 새, 까치가 흰머리수리에게 도전장을 내밀었다!
힘으로는 절대 당해 낼 수 없는 흰머리수리를 어떻게 공격할까?

지능과 힘의 대결

까치 VS 흰머리수리

➡ P87   ➡ P25

① 까치가 흰머리수리에게 장난을 칩니다!

콕 콕

뻐꾸기의 비밀

수컷이 암컷을 부를 때, 울음소리가 '뻐꾹 뻐꾹' 하고 들려서 '뻐꾸기'라는 이름이 붙었다.

뻐꾸기는 스스로 새끼를 키우지 않고 때까치나 다른 새의 둥지에 알을 낳아 기르게 하는 '탁란'의 습성을 지녔다. 게을러 보일 수도 있지만 사실 알 낳을 시기를 조절해야 하는 등 의외로 쉬운 방법은 아니다.

| 크 기 | 35㎝ | 서식지 | 유라시아 |

⚡ **테크닉**

자신의 새끼로 착각

할미새처럼 뻐꾸기의 알을 맡아 기르는 새는 뻐꾸기의 새끼를 자신의 새끼로 착각해서 자신보다 크게 자라도 먹이를 물어다 준다.

할미새에게 먹이를 받아먹는 뻐꾸기 새끼

⚡ **테크닉**

매와 닮은 모습

몸 색깔과 체형이 매와 비슷하다. 사나운 매와 비슷하게 '의태(자신의 몸을 보호하기 위해 특정 대상과 비슷하게 변하는 것)'하여 탁란의 대상이 되는 새를 위협한다고 알려졌다.

뻐꾸기의 종류

뻐꾸기 종류는 대부분 탁란을 하지만, 탁란하는 상대는 뻐꾸기의 종류에 따라 다르다. 저마다 울음소리에 특징이 있다.

두견

스스로 집을 짓지 않고 휘파람새의 둥지에 알을 낳아, 휘파람새가 새끼를 키우게 한다. 큰 소리로 하루 종일 울어 댄다.

크 기 28cm
서식지 아시아

두견 새끼

휘파람새

매사촌

유리딱새

매사촌 새끼

매사촌

산지의 숲에서 서식하며 습성은 뻐꾸기와 비슷하다. 둥지를 짓지 않고 큰유리새나 유리딱새 둥지에 탁란한다.

크 기 32㎝
서식지 동아시아

벙어리뻐꾸기

울음소리는 '보보 보보' 하면서 2음절을 반복한다. 새벽부터 울기 시작하는데, 밤에는 울지 않는다. 산솔새, 흰눈썹황금새 등에게 탁란한다.

크 기 32㎝
서식지 일본·러시아

산솔새

개개비과의 새

뻐꾸기 새끼

붉은 입을 벌리다!

먹이 심부름꾼 | 뻐꾸기의 새끼는 키워 주는 부모 새에게 먹이를 달라고 재촉한다. 부모 새는 자신의 새끼가 아니어도 새끼 입속의 붉은색을 보면 본능적으로 먹이를 가져다주게 된다.

먹잇감 사냥 | 뻐꾸기는 커다란 모충(털이 있는 애벌레)을 좋아한다. 모충을 좋아하는 새는 많지 않아서 먹이를 두고 싸울 걱정은 없다.

모충을 잡아먹다!

댕기물떼새의 비밀

뒷머리에는 가늘고 긴 장식깃이 위로 솟아 있다. 한국에는 10월 하순에 찾아와 이듬해 봄까지 머무는 겨울새이다.

 테크닉

상대방을 위협

폭이 넓고 커다란 날개를 높이 들어 올리며 펼친다. 몸집을 크게 만들어서 상대방을 위협하는 행동이다.

초원이나 논에 사는 커다란 물떼새의 일종이다. 평소에는 매우 얌전하지만, 둥지 자리를 두고 다툴 때는 수컷 경쟁 상대와 격렬하게 싸움을 벌인다.

크 기 32㎝ **서식지** 유라시아

파워

수컷의 싸움

강력한 다리

댕기물떼새의 가장 강력한 무기는 부리가 아닌 다리이다. 날아올라서 긴 다리로 상대에게 강력한 발차기를 날린다.

갯지렁이 등을 잡아먹는다.

물떼새의 종류

몸집은 참새보다 작은 크기부터 비둘기 정도의 크기까지 다양하다. 물가나 갯벌 등에 서식하며 갯지렁이, 게, 벌레 등을 부리로 잡아먹는다.

아프리카발톱깃물떼새

아프리카에 사는 물떼새의 일종이다. 날개에 발톱처럼 튀어나온 돌기가 달려 있지만 아직 어떤 용도로 사용되는지 밝혀지지 않았다.

- 크 기: 30㎝
- 서식지: 아프리카

날개에 달린 돌기

민댕기물떼새

상대가 누구든 둥지 가까이 다가오면 시끄럽게 울어 대며 위협해서 쫓아내려고 한다. 때로는 적과 몸싸움을 벌일 기세로 날아든다.

크 기	36cm
서식지	동아시아

꼬마물떼새

봄이 되면 한국으로 건너오는 작은 새이다. 밭이나 황무지 같은 땅 위에 작은 돌멩이처럼 생긴 알을 낳아 새끼를 기른다. 적이 다가오면 커다란 울음소리를 내며 위협한다.

크 기	16cm
서식지	유라시아

칼새의 비밀

하늘을 나는 기술이 매우 뛰어나다. 나는 속도가 빨라 소리가 들릴 정도라고 한다. 높은 산이나 해안 절벽에 서식한다.

 파워

몸으로 격투

바위틈에 둥지를 짓는다. 둥지를 짓기 좋은 자리를 두고 여러 마리가 서로 싸우는 모습이 발견되곤 한다.

낫처럼 생긴 날개로 하늘을 자유롭게 날아다닌다. 둥지에 있을 때를 제외하고는 항상 날아다닌다. 사냥을 하거나 물을 마시고, 둥지를 지을 재료를 모으거나 짝짓기를 하는 등 모든 활동을 날면서 한다. 하늘을 날면서 잠자는 듯한 모습이 관찰되기도 하였다.

크 기 20㎝　**서식지** 동아시아·오세아니아

생김새는 제비와 비슷하며, 허리 부분에 두꺼운 흰색 띠무늬가 특징이다.

▶▶▶ 스피드

날렵한 날개
날개 끝이 길고 뾰족해서 속도를 내기에 적합하다. 공기층을 가르는 것처럼 빠르게 날아다닌다.

칼새의 종류

칼새의 종류는 입을 벌리고 비행하면서 날아드는 곤충 등을 잡아먹는 방법으로 식사를 해결한다.

바늘꼬리칼새

수평으로 비행할 때의 속도가 시속 130km 이상이다. 고속 도로를 달리는 자동차를 추월할 정도의 속도이다. 물을 마실 때도 물을 튀겨 가며 활발하게 비행한다.

| 크 기 | 19~21㎝ | 서식지 | 동아시아 |

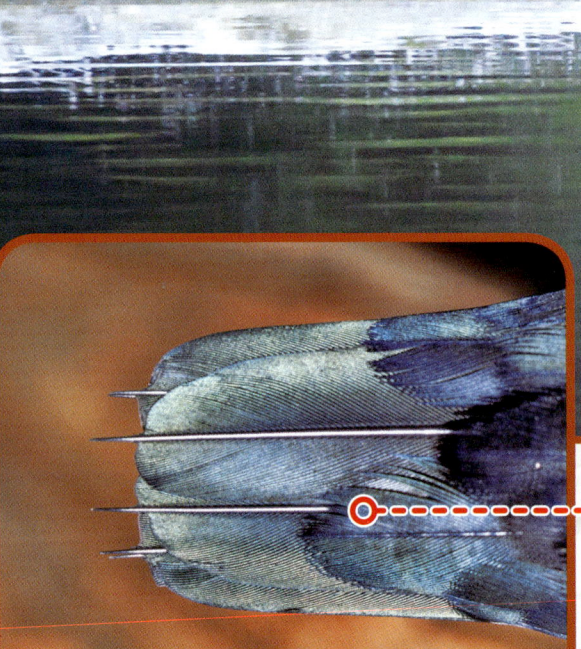

꼬리 끝의 날개축이 바늘처럼 튀어나왔다.

검은둥지칼새

동굴 속에 둥지를 짓는 것이 특징이다. 해초나 풀을 침으로 굳혀서 만든 둥지는 중국 요리의 재료로 사용된다.

- 크 기 12~14cm
- 서식지 동남아시아

검은둥지칼새의 둥지

검은둥지칼새의 둥지가 있는 장소

※절벽의 동굴로 둥지를 채집하러 가는 사람들

떼베짜는새의 비밀

식물의 잎사귀나 줄기를 이용해서 실로 옷감을 짜듯이 멋진 둥지를 만들어서 '베짜는새'라는 이름이 붙었다.

여러 마리가 모여서 집단 사회를 이룬다.

떼베짜는새의 둥지는 작은 새가 만든 세계에서 가장 큰 둥지로, 400여 마리의 새가 번식하는 새들의 아파트인 셈이다. 크게는 지름 10m, 무게 1t에 이르는 둥지가 존재하며 너무 무거워서 나무가 부러지는 일도 있다고 한다.

크 기 14cm
서식지 아프리카

작은 둥지가 모여서 나무를 뒤덮는다.

⚡ 테크닉

쾌적한 둥지 안

떼베짜는새가 사는 사막은 겨울이라도 낮에는 기온이 40°C까지 올라가서 덥고, 밤에는 영하 10°C까지 떨어진다. 하지만 마른 잎으로 만든 둥지 안은 항상 26°C 정도의 쾌적한 온도를 유지한다.

⚡ 테크닉

육아는 겨울에

가장 두려운 천적인 뱀이 활동하지 않는 겨울에 새끼를 낳아 키운다.

베짜는새의 종류

둥지를 짓는 일은 수컷의 임무이다. 둥지를 만들어 놓고 암컷을 불러들인다. 긴 꽁지깃을 지녔으며 춤을 추며 암컷에게 프러포즈하는 종류도 있다.

홍엽새

둥지

암컷과 평소의 수컷은 얼굴과 머리가 회색이다.

번식기가 되면 수컷의 얼굴은 검은색, 머리는 주황색으로 변한다.

가을에 물드는 낙엽처럼 고운 붉은색 부리를 지녀서 '홍엽새'라고 불린다. 세계에서 개체 수가 가장 많은 새로, 15억 마리가 살고 있다고 한다. 세계에서 인구가 가장 많은 중국보다 많다. 엄청나게 큰 무리를 이루며 농작물에 피해를 준다.

크 기 13cm

서식지 아프리카

홍엽새의 무리

남아프리카베짜기새

나뭇가지에 풀잎으로 짠 상자 모양의 둥지를 만든다. 멋진 둥지를 만들지 않으면 암컷을 불러들일 수 없다.

크 기	13cm
서식지	아프리카

흑봉황참새

수컷은 꽁지깃이 40cm나 되며 온몸은 검은색이다. 긴 꽁지깃을 흔들며 암컷을 유혹하는 춤을 춘다. 암컷은 꽁지깃이 긴 수컷을 짝으로 고른다.

크 기	61~76cm
서식지	아프리카

날기를 포기한 새

하늘을 나는 능력을 포기한 대신에
특별한 능력을 지니게 된 새들은 누가 있을까?

화식조

공룡처럼 강력한 다리!

울어서 적을 위협

하늘을 나는 대신 사람만큼 커다란 몸집을 자랑한다. 최대 몸무게가 80kg으로, 새 중에서 타조 다음으로 크다. 공룡처럼 강력한 다리에는 날카로운 갈고리발톱이 있어서 발차기를 제대로 맞으면 사람도 목숨을 잃을 수 있다. '세계에서 가장 위험한 새'라고도 알려져 있다.

아델리펭귄

땅 위에서는 뒤뚱뒤뚱 걸어 다니지만, 물속에 들어가면 잠수했다 튀어 오르며 자유롭게 헤엄쳐 다닌다. 평평한 날개와 물의 저항을 받지 않는 체형, 물갈퀴 등 모든 조건이 물속 생활에 알맞게 진화했다.

뛰어난 수영 실력!

타조

자동차가 넓은 도로를 달리는 속도로 초원을 질주한다. 날기를 포기하고, 새 중에서 가장 커다랗고 무거운 몸집을 지니게 되었다. 몸무게를 지탱하는 다리는 매우 튼튼해서 사람이나 사자도 목숨을 잃을 만큼 강력한 발차기를 날릴 수 있다.

가장 크고 무거운 새!

사실은… 이런 새도 존재했다고?

오키나와뜸부기

날지 못하는 새로, 약 40년 전에 오키나와에서 발견되었다. 천적이 존재하지 않는 섬에서 먹잇감이 풍부한 육지 생활을 누렸다. 하지만 지금은 사람이 데리고 온 고양이 등의 천적이 생겨서 멸종 위기에 놓여 있다.

몸을 보호하는 다양한 방어술

적과 싸우더라도 가능하면 다치지 않아야 한다.
다치지 않기 위한 새들만의 방법과 작전을 살펴보자.

몸을 숨기는 덤불해오라기

갈대로 변신!

갈대숲 안에 들어가 목을 위로 길게 뻗어서 주변의 갈대처럼 보이게 한다. 바람에 흔들리는 갈대와 똑같이 몸을 흔들며 갈대인 척 위장한다.

적을 속이는 물떼새

둥지에 적이 다가오면 부모 새는 새끼를 보호하기 위해 둥지에서 멀리 떨어진다. 날개와 꼬리를 펼치고 울음소리를 내며 다쳐서 날지 못하는 척한다.
적을 유인해서 둥지로부터 충분히 멀어지면 바로 날아서 도망친다.

다친 척 위장!

적을 위협하는 뱀눈새

무시무시한 눈동자!

날개에 뱀의 눈처럼 생긴 눈동자 모양이 있어서 '뱀눈'이라는 이름이 붙었다. 적이 둥지에 다가오면 날개를 펼치고 커다란 눈동자 모양을 내보이며 적을 위협한다.

신기하다!
개성이 강한 새

다른 새들보다 화려한 색깔과

특별한 외모를 지닌 새들이 있다.

한번 보면 잊을 수 없는

개성적인 모습의 새들도

매일 생존을 위한

싸움을 벌이며 살아간다.

군함조의 비밀

다른 새들을 공격하여 그 새들이 잡아먹은 먹이를 토하게 만들어 가로챈다.

파워 / 지능 / 지구력 / 스피드

아메리카군함조

파워

굽은 부리
부리는 가늘고 끝이 아래로 굽어 있어서 물 위를 낮게 날면서 물고기를 낚아채기에 편리하다.

열대 섬에 서식하는 바닷새로, 세계에 5종류가 존재한다. 날개를 펼치면 2m가 넘는 거대한 새이지만, 몸무게는 1.6kg밖에 나가지 않아 매우 가볍다. 가벼운 무게 덕분에 오랫동안 하늘을 날 수 있다.

크 기 70~110㎝

서식지 세계의 열대 바다

제비와 같은 V자 모양의 긴 꽁지깃

스피드

자유자재로 비행

2m가 넘는 날개와 균형을 잡고 방향을 전환하기 쉬운 기다란 꽁지깃과 가벼운 몸으로 자유롭게 날아다닌다.

수컷의 목주머니

어른이 된 수컷만이 화려한 붉은색의 목주머니를 가진다. 암컷에게 자신의 매력을 과시하기 위해 사용한다.

암컷과 새끼 새는 가슴이 하얗다.

공격 포인트

군함조는 다른 새나 바다 생물의 먹잇감을 빼앗을 뿐만 아니라, 혼자서도 공중에서 날치를 잡을 정도로 사냥 기술이 뛰어나다.

잽싸게 빼앗다!

갈라파고스강치

황다랑어

먹잇감 도둑 | 순간의 빈틈을 놓치지 않고 갈라파고스강치가 잡은 황다랑어를 빼앗아 간다.

갈라파고스슴새

공중에서 낚아채다!

먹잇감의 사냥 | 남의 먹이를 가로챌 뿐만 아니라 날아다니는 새와 날치, 새끼 새와 알 등을 직접 잡아먹기도 한다.

화려한 프러포즈 | 어른이 된 수컷은 붉은색 목주머니에 공기를 넣어 풍선처럼 부풀린다. 그리고 큰 소리로 목주머니를 울려 프러포즈한다.

풍선처럼 부풀리다!

사다새의 비밀

'펠리컨'이라고도 불리며 커다란 부리가 특징이다. 물고기를 잡아서 부리 안에 가득 채워 넣는다.

⚡ 테크닉

주머니처럼 생긴 부리

부리 아래에서 목까지 연결되는 피부가 주머니처럼 커다랗게 늘어난다. 큰 물고기도 물어서 부리 안에 집어넣는다. 적과 싸울 때는 무기로 사용한다.

아메리카흰사다새

거대한 부리를 지닌 대형 조류이다. 하늘을 나는 새 중에서는 최대급으로, 날개를 펼치면 3m나 되는 종류도 있다. 커다랗게 늘어나는 부리를 그물처럼 이용해서 물고기를 사냥하는 것이 사다새의 주특기이다.

크 기 1.1~1.8m

서식지 전 세계의 온대에서 열대 물가

거무스름한 갈색 날개

갈색사다새

테크닉

바다로 다이빙

갈색사다새는 공중에서 곤두박질치며 바다로 뛰어들어 물고기를 잡는 기술을 지녔다.

사다새의 종류

커다란 부리를 지녔으며, 꼼짝하지 않고 먹잇감이 다가오기를 기다리는 넓적부리황새와 길쭉한 부리와 다리를 지닌 왜가리도 사다새와 가까운 종류이다.

달마시안사다새

사다새 중에 가장 몸집이 크고 무겁다. 동남아시아에서는 회색사다새가 살기도 한다.

크 기	1.6~1.8m
서식지	유럽·아시아

번식기에는 몸이 분홍색으로 변한다.

부리를 무기로 싸운다.

분홍사다새

부리의 길이가 50cm나 되며 새 중에 가장 길다. 이렇게 긴 부리를 무기처럼 휘두르며 싸운다.

크 기	1.4~1.7m	서식지	아시아·아프리카

날개를 움직여서 제대로 하늘을 날 수 있다.

부리가 넓적하다.

넓적부리황새

사냥하는 동안에는 몇 시간 동안 거의 움직이지 않는다. 이것은 먹잇감으로부터 경계심을 최소화하기 위한 것으로 알려졌다. 거대한 부리로 커다란 물고기를 단번에 낚아챈다.

크 기 1.5m   서식지 아프리카

사다새의 종류

아프리카왜가리

황로

커다란 동물 근처에 붙어 다니며 놀라서 튀어 오르는 개구리와 메뚜기 등을 잡아먹는다.

파워
지능
지구력
스피드

크 기 46~56cm   서식지 전 세계의 온대 지역

크 기　42~66cm

서식지　아프리카

날개로 그늘을 만들어 사냥

물고기를 잡을 때 날개를 우산처럼 펼쳐서 그늘을 만든다. 수면에 빛이 반사되지 않아 물속의 물고기가 잘 보인다.

왜가리

한국에서도 쉽게 찾아볼 수 있는 대형 왜가리이다. 주식은 물고기이지만, 쥐나 새끼 새 등 움직이는 것은 무엇이든 잡아먹는다.

크 기　90~98cm

서식지　한국·일본·유라시아·아프리카

공격 포인트

사다새는 서로 힘을 합쳐서 물고기를 잡거나 여러 마리가 같은 장소에 둥지를 만들어서 새끼를 키우기도 한다. 생존을 위한 전략인 셈이다.

그물처럼 사용하다!

대용량 보관

부리 아래에서 목까지 연결되는 커다란 주머니에는 1L짜리 우유 팩 14개만큼의 물을 담을 수 있다. 넓게 펼쳐서 그물처럼 사용하며 움직이는 물고기를 낚아챈다.

집단으로 사냥하다!

다 같이 머리를 숙이고 물고기를 잡는다.

집단 물고기 사냥 | 한 줄로 나란히 헤엄치며 물고기를 쫓는다. 물고기가 모이는 곳에서 부리로 단숨에 먹이를 낚아채는 집단 사냥 기술을 구사한다.

천적으로부터 새끼를 보호 | 여우 등의 천적이 접근하지 못하도록 호수의 섬 같은 곳에서 몇천 마리가 모여서 둥지를 치고, 새끼를 보살핀다.

천적을 피하다!

꿩의 비밀

대표적인 텃새로 생김새는 닭과 비슷하지만 꼬리가 길다. 수컷과 암컷의 몸 빛깔이 완전히 다르다.

⚡ 테크닉

하트 모양의 붉은 주름

수컷의 얼굴에는 하트 모양의 붉은 주름이 있다. 흥분하면 붉은 주름을 부풀려서 상대방을 위협하기도 한다.

세력권 싸움을 하는 수컷

⚔️ 파워

날카로운 며느리발톱

수컷의 다리 뒤쪽에는 싸울 때 무기로 사용하는 '며느리발톱'이 1개씩 돋아 있다. 날카롭고 뾰족해서 상대방에게 상처를 입힐 때도 있다.

우리말로 빛깔이 고운 수컷을 '장끼', 빛깔이 곱지 않은 암컷을 '까투리'라고 부른다. 수컷은 화려한 빛깔의 몸통과 긴 꽁지깃을 자랑한다. 번식기인 봄에 수컷끼리 마주치면 세력권을 둘러싼 난폭한 싸움을 벌이기도 한다.
각종 나무 열매와 메뚜기·개미·거미 등 다양하게 먹는다.

크 기 80cm(수컷)   **서식지** 한국·일본·중국

꿩의 종류

꿩의 종류 중에는 화려하고 아름다운 모습의 새가 많다. 원래 야생이었던 새를 사람이 길들인 닭과 닭을 개량한 품종인 샤모도 꿩의 일종이다.

코퍼긴꼬리꿩

산속에 사는 꿩의 일종이다. 전 세계에서 일본에서만 서식한다. 수컷의 꽁지깃은 매우 길며, 90cm에 이른다.

| 크 기 | 1.25m | 서식지 | 일본 |

인도공작

꽁지덮깃

짝짓기를 할 시기가 오면 수컷은 꽁지덮깃을 부채 모양으로 활짝 펴서 암컷에게 프러포즈한다.

| 크 기 | 1.8~2.3m | 서식지 | 인도·스리랑카 |

샤모

'샤모'는 원래 태국의 '샴'이라는 새가 일본으로 전해지면서 생긴 이름이다. 수컷은 보통 닭싸움에 쓰이며 투쟁심이 매우 강하다. 식용으로도 많이 길러지고 있다.

크 기 90cm (가장 큰 종류)
서식지 일본

토코투칸의 비밀

토코투칸은 커다란 부리를 지닌 왕부리새과 중에서도 가장 잘 알려져 있고, 몸집도 가장 크다.

거대한 부리

길고 거대한 부리는 먹이를 먹을 때 외에도 프러포즈를 할 때나 적과 싸울 때 등 다양하게 사용된다.

부리로 인사하는 모습

체온 조절

부리 안에는 많은 혈관이 지나가고 있다. 더울 때는 부리를 통해 열기를 몸 바깥으로 내보내서 체온이 너무 높게 올라가지 않도록 조절한다.

남아메리카의 정글에 서식하는 새이다. 길이가 20cm나 되는 부리는 자신의 몸길이와 거의 비슷하다. 이처럼 긴 부리를 이용해서 가지 끝에 달린 과일을 솜씨 좋게 따 먹는다.

크 기 55~61cm

서식지 남아메리카

열매를 따 먹는 모습

왕부리새의 종류

왕부리새의 부리는 크기가 매우 클 뿐만 아니라 색깔도 화려해서 눈에 잘 띈다.

무지개왕부리새

- 삼색 부리
- 노란색 가슴

전 세계의 새 중에 부리의 색이 가장 알록달록하다. 수컷과 암컷의 부리 색깔이 같다.

크 기	46~51㎝
서식지	중앙아메리카

파워 / 지능 / 지구력 / 스피드

가상 배틀 18

오스트레일리아에서 사는 유대하늘다람쥐가 남아메리카를 대표하는 토코투칸을 도발했다. 깜짝 놀랄 만한 최강 반전이 기다리고 있었는데, 그 결과는?

남아메리카와 오스트레일리아의 대결

토코투칸 VS **유대하늘다람쥐**

➡ P242

①

타 악

토코투칸이 먼저 부리로 공격합니다!

벌새의 비밀

벌처럼 '붕붕' 하고 날갯짓 소리를 내며 꽃꿀을 빨아 먹어서 '벌새'라는 이름이 붙었다. 날아다니는 힘이 강하다.

>>> 스피드

초고속 날갯짓
엄청난 속도 (1초에 19~90회)로 날갯짓을 하며 사방으로 자유롭게 날아다닌다.

안나벌새(암컷)

⚡ 테크닉

빨대처럼 생긴 부리

빨대처럼 생긴 길고 가느다란 부리를 꽃 안쪽에 꽂고 1초에 13번이나 혀를 집어넣으며 꿀을 빨아 먹는다.

기다란 부리

흰호사벌새

꽃꿀을 전문으로 빨아 먹는 작은 새이다. 꽃꿀을 먹을 때는 항상 날개를 빠르게 퍼덕여 정지 상태로 날면서 빨아 먹는다. 벌새의 종류는 매우 많아서 약 330종에 이른다고 한다. 깃털 색깔도 다양한데 특히 녹색·갈색·검은색이 제일 많다.

크 기 5~22cm **서식지** 남아메리카·중앙아메리카 북부

벌새의 종류

세계에서 가장 작은 새인 '꿀벌벌새'부터 참새보다 큰 '자이언트벌새'까지 벌새의 종류는 매우 다양하다. 기다란 부리는 꽃꿀을 빨아 먹기에 편리하다.

자이언트벌새

선인장 위의 둥지에서 새끼를 보살핀다.

파워 / 지능 / 지구력 / 스피드

벌새 중에 가장 크며, 몸집이 참새보다 훨씬 크다. 벌새치고는 느린 날갯짓이 특징이다.

크 기 22cm
서식지 남아메리카

안나벌새

수컷

미국 남해안에 많이 서식하는 벌새이다. 수컷이 암컷을 유혹하는 구애 비행을 할 때, 하늘 높이 올라갔다가 급강하하는 행동을 반복하며 시속 97km의 속도로 날아다닌다.

크 기 9cm
서식지 북아메리카

꿀벌벌새

세계에서 가장 작은 새이다. 크기가 5cm라고는 해도 긴 부리까지 포함한 길이이므로 실제 몸길이는 3cm에 불과하다. 몸무게는 겨우 2g이다.

크 기 5cm
서식지 쿠바

넓은부리쏙독새의 비밀

하늘을 나는 모습이 매와 비슷하며 밤에 활동하는 쏙독새의 일종이다. 개구리처럼 생긴 넓적한 입이 인상적이다.

파워 · 지능 · 지구력 · 스피드

 테크닉

완벽한 위장술

몸통을 길게 늘어트려서 마른 나뭇가지로 변신하는 위장술을 사용한다. 사진 속 나무에는 어른 새(오른쪽) 한 마리와 새끼 새 한 마리가 매달려 있다.

파워

커다란 입
부리가 작으며 부리 끝은 물건을 걸치는 고리처럼 구부러졌다. 개구리처럼 생긴 커다란 입으로 먹잇감을 통째로 삼킨다.

동남아시아와 오스트레일리아에 14종의 쏙독새가 서식하고 있다. 낮에는 적의 눈을 피해 나뭇가지로 위장하고, 밤이 되면 날아다니는 곤충이나 땅 위의 쥐·개구리 등을 커다란 입으로 꿀꺽 삼켜 버린다.

크 기	20~50cm
서식지	동남아시아·오스트레일리아

쏙독새의 종류

쏙독새는 낮에 쉴 때도 적에게 발견되지 않도록 몸을 숨긴다. 기름쏙독새는 집단을 이루며 동굴에서 생활한다.

포투

밤에는 새의 모습

낮에는 나무에 매달려서 나뭇가지로 위장한다.

낮에는 나뭇가지로 위장하는 쏙독새의 일종이다. 밤이 되면 나무에서 풀쩍 날아올라 날아다니는 곤충을 잡아먹는다. 눈이 커다란 이유는 밤에도 잘 보기 위해서이다.

크기 33cm 서식지 중앙아메리카·남아메리카

쏙독새

밤에는 날아다닌다.

낮에는 나뭇가지에 엎드린 채 거의 움직이지 않는다. 밤이 되면 날아다니며 커다란 입을 벌려서 곤충을 잡아먹는다.

낮에는 엎드려 있다.

크 기 29cm   서식지 한국·일본·동아시아

기름쏙독새

동굴에 사는 조금 특이한 새이다. 먹이로는 기름야자나무의 열매만 먹는다. 초음파로 주변 상황을 감지하는 '반향 정위'라는 방법으로 캄캄한 어둠 속에서도 부딪치지 않고 날아다닌다.

크 기 45cm   서식지 남아메리카

가상 배틀 20

나뭇가지로 위장해서 몸을 숨기는 쏙독새와 포투 앞에 재규어가 나타났다! 누가 재규어의 공격에서 벗어날 수 있을까?

위장술 대결

쏙독새 VS **포투**

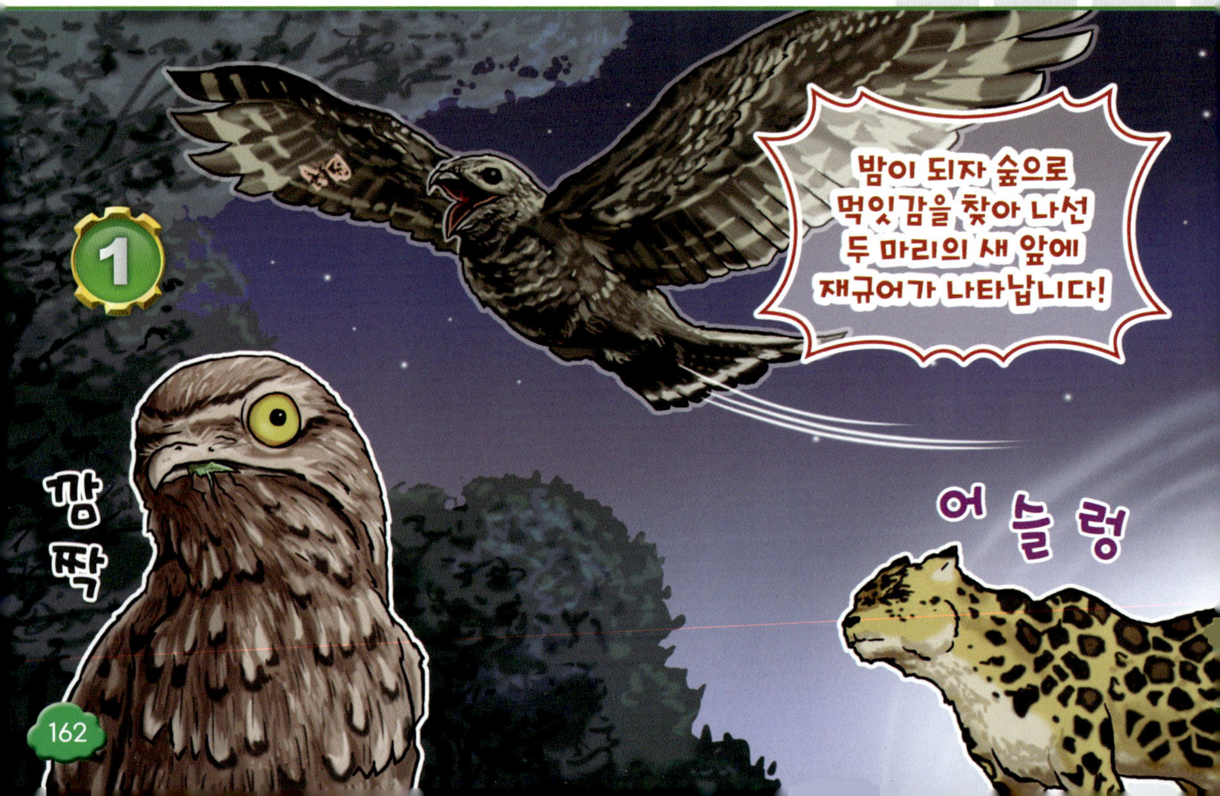

① 밤이 되자 숲으로 먹잇감을 찾아 나선 두 마리의 새 앞에 재규어가 나타납니다!

깜짝

어슬렁

독을 지닌 새

지금으로부터 약 30년 전에 세계에서 처음으로 독을 지닌 새가 발견되었다. 종류는 적지만 강력한 독을 지닌 새들이 존재한다.

두건피토휘

검은색 머리

독으로 몸을 보호!

뉴기니 섬에 사는 두건피토휘는 날개와 피부에 강한 독을 지녔다. 이 새를 만지면 극심한 통증이 생기며, 사람 몸속에 독이 들어가면 생명을 잃을 수도 있다. 이러한 독 덕분에 두건피토휘는 다른 커다란 새나 뱀의 공격으로부터 자신을 지킬 수 있다. 검은색과 주황색의 화려한 날개 색으로도 '독이 있으니 날 건드리면 위험해!' 하고 적에게 경고한다.

블루캡이프리트

뉴기니 고지대 숲에 살며, 화사한 파란색 머리가 특징이다. 두건피토휘와 마찬가지로 날개와 피부에 강한 독을 지녔다. 독의 종류도 두건피토휘와 비슷해서 만지면 위험하다.

파란색 머리

두건피토휘와 닮은꼴!

아라푸라 때까치지빠귀

뉴기니와 오스트레일리아에 사는 아라푸라때까치지빠귀에서도 신경을 손상시키는 독이 발견되었다. 뇌에서 몸으로 명령을 전달하는 신경이 손상되면 몸을 움직이지 못하며 심장이 멈출 수도 있다.

강력한 신경독!

사실은… 독을 몸속에 저장한다고?

황금독화살개구리

남아메리카 정글에 사는 맹독성 개구리로, 두건피토휘와 블루캡이프리트처럼 피부에서 독이 나온다. 이들은 모두 독을 지닌 곤충을 잡아먹고 그 독을 몸속에 저장해서 자신의 몸을 보호하는 데 사용한다.

화살에 맹독을 묻혀서 사냥에 이용했기 때문에 '독화살개구리'라는 이름이 붙었다.

화려한 외모와 특기를 지닌 새

화려하고 인상적인 겉모습뿐만 아니라 흥미로운 습성까지 지닌 새들이 존재한다. 어떤 새들이 있을까?

튼튼한 부리!

마코앵무

몸 색깔이 화려하며 아래로 구부러진 튼튼한 부리를 지녔다. 이러한 부리로 딱딱한 나무 열매를 쪼개기도 하고, 부리를 나무에 걸치며 나무에 기어오르기도 한다.

갈기퍼핀

북쪽 바다에 사는 바닷새로, 새빨간 부리가 특징이다. 큰 부리 안에 사냥한 물고기를 여러 마리씩 넣어서 한꺼번에 운반한다. 번식기에는 무리를 지어 살며, 10~25마리가 함께 고기를 잡는다.

부리로 운반!

도토리를 저장!

도토리딱따구리

다른 딱따구리와 마찬가지로 나무를 쪼아서 구멍을 뚫고, 그 안에 도토리를 집어넣는다. 먹이가 없는 겨울을 대비해서 여러 그루의 나무에 5만 개의 도토리를 저장한다고 한다.

치열하다!
하늘을 나는 곤충

하늘을 나는 곤충도 공중에서
매일 싸움을 벌이며 살아간다.
새보다 몸집은 작지만
저마다 강력하고
특별한 무기를 가지고 있다.
곤충들의 치열한 싸움 속으로
들어가 보자.

잠자리의 비밀

공중제비를 돌거나 정지 비행을 하는 등 비행 실력이 매우 뛰어나다. 무시무시한 턱을 지닌 공중 사냥꾼이다.

강력한 턱
날아다니면서 다리로 곤충을 낚아챈 후, 강력한 턱으로 살아 있는 곤충을 우적우적 씹어 먹는다.

여러 개의 작은 눈으로 이루어진 잠자리의 눈

둥글고 커다란 눈
커다란 눈은 1~3만 개나 되는 작은 눈으로 이루어졌으며 상하좌우는 물론, 뒤까지 모든 방향을 볼 수 있다. 멀리 있는 먹잇감도 놓치지 않는다.

장수잠자리

스피드

자유롭게 움직이는 날개

커다란 가슴은 날개를 움직이는 데 사용하는 근육(비상근)으로 뭉쳐 있어서 4장의 날개를 따로 움직일 수 있다.

전 세계에서 널리 볼 수 있으며, 약 6000종이 서식한다. 4장의 커다란 날개로 하늘을 자유롭게 날아다니며 강력한 턱으로 먹잇감을 씹어 먹는다. 한국에서 가장 큰 장수잠자리는 맹독을 지닌 장수말벌까지 공격해서 잡아먹는 최고의 사냥꾼이다. 잠자리는 하늘을 나는 멋진 비행사로, 영어로는 '드래곤플라이'라고 한다.

크 기 1.5~16cm **서식지** 바다를 제외한 전 세계

잠자리의 종류

얼굴의 반을 차지하는 커다란 눈도 잠자리의 특징이다. 자실잠자리처럼 몸통이 가느다란 실잠자리 종류는 양쪽 눈이 떨어져 있다.

밀잠자리

수컷

파랗고 커다란 눈

- 크 기: 4.7~6.1cm
- 서식지: 한국·일본·중국

연못이나 늪에서 쉽게 찾아볼 수 있는 잠자리이다. 성장한 수컷은 몸통이 하얀 가루로 덮여 있으며, 암컷은 노란색이다. 6~8월에 많이 볼 수 있다.

긴무늬왕잠자리

온몸이 녹색인 왕잠자리의 일종이다. 연못 근처에 서식한다. 거미줄을 치고 있는 거미를 습격해서 잡아먹지만, 때로는 반대로 거미에게 잡아먹히기도 한다.

- 크 기: 6.7~7.8cm
- 서식지: 한국·일본

거미에게 잡힌 모습

나비잠자리

빛나는 날개

반짝이는 넓은 날개를 펄럭이며 나비처럼 날아다녀서 '나비잠자리'라는 이름이 붙었다. 주로 연못 근처에 서식한다.

크 기	3.1~4.2cm
서식지	한국·일본·중국

자실잠자리

떨어져 있는 눈

몸통이 가늘며 앉을 때 날개를 접는 실잠자리의 일종이다. 배에 자의 눈금 같은 무늬가 있다.

크 기	4.5cm
서식지	한국·일본·동남아시아

공격 포인트

잠자리는 전 세계 각지에서 널리 볼 수 있으며 약 5,000종이 알려져 있다. 물속에 사는 잠자리 애벌레 역시 강력한 턱을 지닌 사냥꾼이다.

먹잇감의 사냥

한국에 서식하는 잠자리 가운데 가장 큰 장수잠자리는 시속 70km로 비행할 수 있으며, 독침이 있는 장수말벌도 다리로 붙잡아서 턱으로 뜯어 먹는다.

장수말벌

강력한 턱

턱으로 물어뜯다!

물속에서 생활하다!

잠자리 애벌레

수채의 사냥

잠자리 애벌레는 '수채'라고도 불리며, 대부분 물속에서 생활한다. 엄청난 속도로 아래턱을 벌려서 작은 물고기와 곤충 등을 잡아먹는다.

성충으로 변신

물속에서 성장한 잠자리 애벌레는 물 밖으로 기어 나와 물가 근처의 바위나 나뭇가지로 올라가서 마지막 허물을 벗고 성충이 된다. 이러한 과정을 견디지 못하고 죽는 애벌레도 있다.

허물

허물을 벗다!

가상 배틀 21

가시가 돋친 길고 억센 다리와 강력한 턱을 지닌 장수잠자리! 기다란 실을 잘 다루는 볼라스거미가 장수잠자리의 앞길을 가로막았다!

힘과 기술의 대결

장수잠자리 VS **볼라스거미**

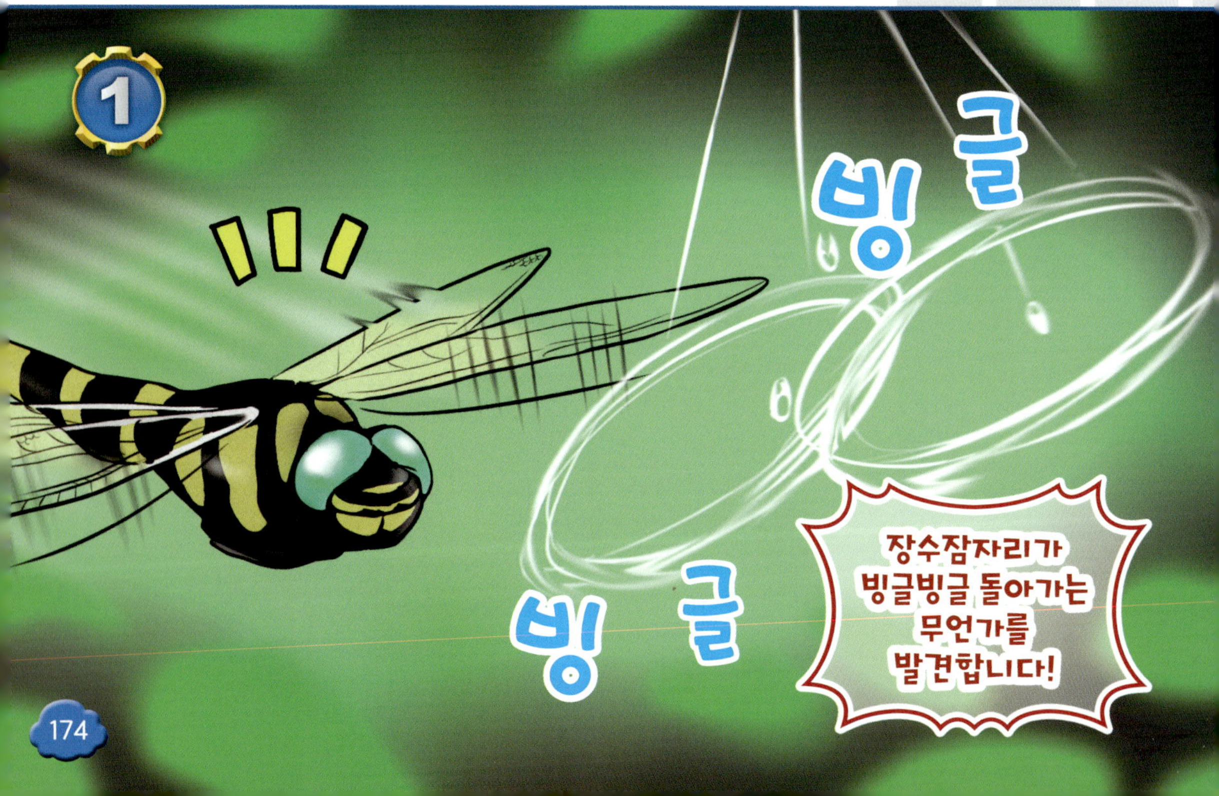

① 빙글 빙글

장수잠자리가 빙글빙글 돌아가는 무언가를 발견합니다!

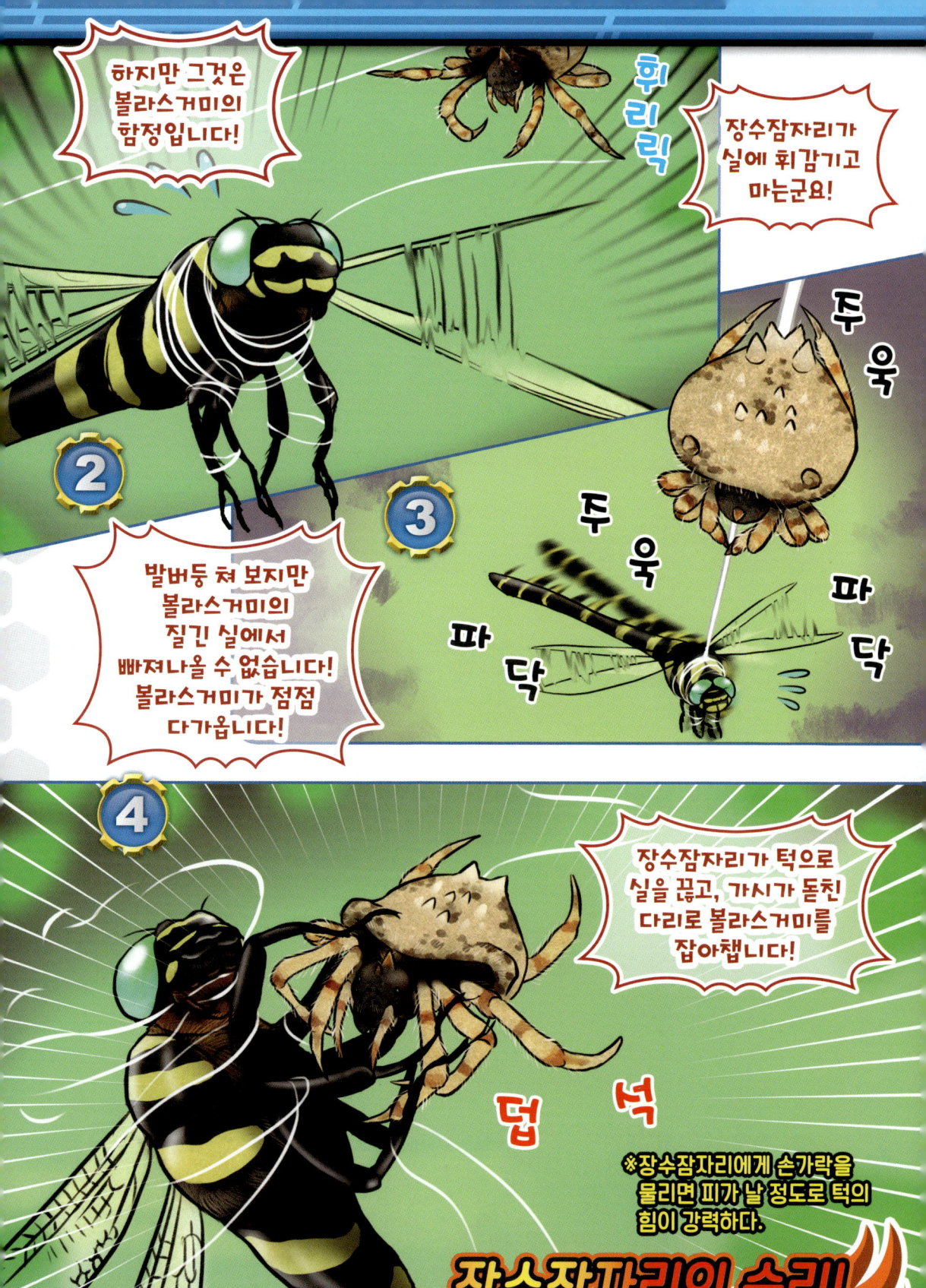

사마귀의 비밀

낫처럼 생긴 앞다리를 휘둘러 단번에 먹잇감을 사냥한다.
날카로운 이빨로 살아 움직이는 곤충만 잡아먹는다.

 파워

낫처럼 생긴 거대한 앞다리

날카로운 가시가 있는 낫 모양의 앞다리에 잡히면 절대 도망가지 못한다. 먹잇감이 알아채지 못할 정도로 빠르게 휘둘러서 강하게 움켜잡는다.

톱니처럼 가시가 나 있는 앞다리

테크닉

커다란 눈
두 개의 커다란 눈은 수많은 작은 눈으로 이루어졌다. 먹잇감까지의 거리를 정확히 가늠할 수 있다.

사마귀는 앞다리가 커다란 낫처럼 생긴 육식 곤충이다. 먹잇감을 발견하면 먹잇감 근처로 조용히 다가가 눈에 보이지 않을 정도의 빠른 속도로 앞다리를 뻗어서 사냥한다. 4장의 날개로 하늘을 날 수도 있다.

크 기 2~10cm **서식지** 한국·일본·중국

사마귀의 종류

사마귀는 사냥을 할 때 먹잇감에게 들키지 않게 몰래 숨어서 기다린다. 몸을 꽃이나 낙엽처럼 위장하기도 한다.

꽃사마귀

암컷은 난초의 꽃잎과 똑같은 색깔과 모양을 하고 있다. 꽃잎으로 완벽하게 위장한 뒤, 다가오는 작은 곤충들을 순식간에 낚아챈다.

수수한 색깔의 수컷

암컷

- 크 기 3.5cm(수컷), 7cm(암컷)
- 서식지 동남아시아

낙엽사마귀

정글에 서식하며, 색깔과 모양이 낙엽과 똑같이 생겼다. 낙엽 위에 앉아 있으면 사냥감이나 적에게도 들키지 않는다.

눈동자 모양의 날개로 위협한다.

- 크 기 7cm
- 서식지 동남아시아·마다가스카르

위협하는 자세

꽃처럼 생긴 눈 모양

꽃잎과 비슷하게 생긴 사마귀 중에서 가장 크다. 만세를 하듯이 앞다리를 들어 올려 몸을 커다랗게 만든 뒤 적을 위협한다.

크 기 13cm

서식지 아프리카

파워 / 지능 / 지구력 / 스피드

커다란 몸집과 화려한 모습을 하고 있으며, 위장술이 매우 뛰어나다.

악마꽃사마귀

공격 포인트

사마귀는 머리를 자유롭게 움직일 수 있어서 몸을 움직이지 않고도 주변에 사냥감이나 적이 있는지 알 수 있다.

앞다리로 공격하다!

상모솔새

먹잇감의 사냥

사마귀는 눈앞에서 움직이는 것은 무엇이든 공격하는 습성이 있다. 때로는 작은 새를 사냥하기도 한다.

아직 날개가 없는 애벌레

날개가 생기다!

하늘을 나는 성충

성충으로 성장

성충과 똑같이 생긴 애벌레는 날개가 없어서 하늘을 날지 못한다. 애벌레가 살아남아 성충으로 성장하면 날개가 생겨서 날 수 있다.

위협하는 자세

위험을 느끼면 날개를 펼쳐서 자신의 몸집을 커다랗게 만든다. 언제든지 공격할 수 있도록 앞다리를 앞으로 내밀고 상대방을 위협한다.

날개를 펼치다!

매미의 비밀

매미는 여름이 되면 큰 소리로 울어 댄다. 사실은 이러한 행동 역시 암컷을 만나 자손을 남기기 위한 싸움이다.

 테크닉

2장의 날개를 1장처럼 사용

앞날개와 뒷날개가 서로 달라붙어 있어서 2장의 날개를 1장처럼 사용하며 힘차게 날아오른다.

커다란 소리로 열심히 울어 대는 쪽은 수컷 매미이다. 울음소리로 암컷을 부르거나 자기 영역을 표시한다. 매미는 수명이 짧다고 하는데 그것은 성충이 된 후의 이야기이다. 애벌레 시기를 합치면 짧아도 4~5년, 길면 17년 동안 생존하는 종류도 있다.

크 기 1.3~8cm **서식지** 전 세계의 온대에서 열대 지역

파워

특수한 발음기

수컷은 배 안쪽이 텅 비어 있다. 배 안쪽의 소리 내는 기관인 '발음기'를 울려서 울음소리를 더욱 크게 증폭시킨다.

유지매미

매미의 종류

'맴맴맴맴', '쓰름쓰름', '치이이이' 등 수컷 매미는 종류마다 울음소리가 다르다. 발음기가 없는 암컷 매미는 울지 않아 '벙어리매미'라고도 한다.

곰매미

몸집이 크고 검다.

주로 일본에 많이 서식하는 대형 매미이다. 여름이 되면 낮에 '샹샹샹샹' 하고 커다란 울음소리를 낸다. 나무 한 그루에 여러 마리가 함께 모이는 습성을 지녔다.

| 크 기 | 6~7㎝ |
| 서식지 | 일본 |

공격 포인트

매미의 애벌레는 몇 년간 땅속에서 지내다가 성충으로 성장한다. 적을 마주치기 전에 무사히 우화(번데기에서 성충으로 변하는 것)에 성공하는 것도 험난한 싸움이다.

매미의 탈피

애벌레는 여러 해 동안 땅속에서 긴 시간을 보내다가 여름밤에 땅 위로 기어 나와 나무 위에서 우화한다. 그중에는 우화에 실패해서 죽어 버리는 애벌레도 있다.

나무에 오른 뒤 자리를 잡는다.

허물을 벗기 시작한다.

허물을 벗다!

성충으로 변신

바늘처럼 생긴 입

나무즙을 빨아 먹다!

매미의 식사

매미의 먹이는 나무즙이다. 딱딱한 나무껍질에 바늘처럼 생긴 입을 꽂고 나무즙을 빨아 먹는다.

천적의 공격

큰 소리로 암컷을 부르는 행동은 위험한 적에게 자신의 위치를 알려 주는 것과 다름없다. 방심하면 쉽게 육식 생물의 먹잇감이 되고 만다.

동양중베짱이

먹잇감이 되다!

나비·나방의 비밀

날개를 펄럭이며 날아다니는 아름다운 곤충이지만, 살아남기 위해 다양한 기술을 사용한다.

날개로 공격

왕얼룩나비는 자신의 먹이를 지키기 위해 다른 나비가 가까이 다가오면 날개로 상대방을 때리며 싸움을 벌인다.

나비와 나방을 정확하게 구별하기는 어렵다. 일반적으로 낮에 활동하는 쪽을 나비, 밤에 활동하는 쪽을 나방으로 구분하고 있지만 예외가 많기 때문이다. 날개에는 '인분'이라는 가루가 묻어 있으며 이 가루가 색깔과 무늬를 결정한다. 세계에는 1만여 종 이상의 나비와 나방이 존재한다.

크 기 2~280㎜ 서식지 전 세계

나뭇가지로 위장한 참나무재주나방

놀라운 위장술!

테크닉

위장술과 비밀 무기

나뭇가지로 위장해서 적의 눈을 속이거나 위험이 닥치면 숨겨 두었던 날개의 눈동자 무늬를 내보여서 적을 위협한다. 몸을 지키기 위해 다양한 방법을 사용한다.

눈동자 무늬로 겁을 주는 뱀눈박각시

나비·나방의 종류

종류가 많고 전 세계 다양한 장소에서 서식하고 있다. 겉모습뿐만 아니라 생활 습성이나 생존 수단이 흥미로운 나비와 나방이 존재한다.

일본긴꼬리산누에나방

봄에서 여름까지 길에서도 쉽게 볼 수 있는 아름다운 모습의 나방이다. 날개를 펼친 길이는 약 10cm이다. 애벌레는 밤나무와 벚나무 등 여러 나무의 잎사귀를 먹는다.

- 크기: 12cm
- 서식지: 일본

녹색 애벌레

아게하모도키

- 크 기 : 6㎝
- 서식지 : 일본·중국

몸에 독을 지닌 사향제비나비와 똑같이 생겨서 적으로부터 몸을 보호할 수 있는 나방이다. 생김새가 사향제비나비를 빼닮았지만 크기는 훨씬 작다.

줄녹색박각시

우화한 직후에는 날개에 인분이 묻어 있지만, 날면서 인분이 다 떨어지고 날개가 투명해진다. 고속으로 날갯짓하며 꽃꿀을 빨아 먹는다.

투명하게 비치는 날개

- 크 기 : 5㎝
- 서식지 : 한국·일본

나비·나방의 종류

제왕나비

여름은 캐나다에서 보내다가 가을이 다가오면 약 3000km를 날아서 멕시코의 숲으로 이동한다. 멕시코의 숲에 수천만 마리가 모여들어 겨울을 난다. 애벌레 시기에 먹은 독 식물의 독을 몸속에 저장해 두었다가 몸을 보호한다.

독 식물을 먹는 애벌레

크 기 5cm

서식지 북아메리카·중앙아메리카

알렉산드라비단제비나비

세계에서 가장 큰 나비로, 무척 아름다운 모습으로도 유명하다. 파푸아뉴기니의 정글에 살며 하이비스커스 꽃의 꿀을 좋아한다.

크 기 28㎝
서식지 파푸아뉴기니

모르포나비

정글에 사는 아름다운 나비이다. 80여 종이 존재하며 수컷의 날개 앞면이 화사한 푸른색으로 빛난다. 하지만 날개 뒷면은 깜짝 놀랄 정도로 수수한 색을 띠고 있다.

크 기 7~20㎝
서식지 북아메리카·중앙아메리카·남아메리카

수수한 색의 날개 뒷면

공격 포인트

나비와 나방의 애벌레는 몸을 보호하기 위해 새똥과 비슷한 색깔과 모양으로 위장하거나 고약한 냄새로 위협하기도 한다. 독 털을 지닌 애벌레도 있다.

몸을 보호하는 애벌레

나비의 애벌레 중에는 위험한 상황에 빠지면 머리에서 뿔이 튀어나와 적을 위협하는 종류도 있다. 뿔에서는 매우 지독한 냄새가 난다.

냄새가 지독한 뿔이 튀어나온다.

크기가 작을 때에는 새똥처럼 생긴 색깔과 모양으로 몸을 보호한다.

뿔이 튀어나오다!

호랑나비과의 애벌레

번데기가 되다!

빛을 반사하는 제왕나비의 번데기

아틀라스나방의 고치

성충으로 변신할 준비

나비와 나방은 성충이 되기 전에 반드시 번데기의 과정을 거친다. 번데기는 움직일 수 없어서 적에게 들키면 쉽게 공격당하고 만다. 따라서 고치 안에 숨어 있거나 잘 보이지 않게 빛을 반사해서 적으로부터 몸을 보호한다.

거미에게 잡히다!

천적의 습격

날 수 있게 된 성충은 거미줄에 걸려 목숨을 잃거나 사마귀 등에게 잡아먹히는 일도 많다. 하지만 그 종류가 사라질 정도로 많이 죽는 것은 아니다.

줄녹색박각시

말벌의 비밀

배 끝의 독침으로 사냥감을 푹 찌른다. 독성이 매우 강해 사람이 쏘이면 목숨을 잃을 수도 있다.

파워 / 지능 / 지구력 / 스피드

매미

⚡ 테크닉
맹독을 지닌 독침
말벌의 배 끝에는 독침이라는 강력한 무기가 달려 있다. 사냥감의 몸에 몇 번이고 찔러서 독을 주입해 목숨을 빼앗는다.

⚔ 파워
강력한 턱
매우 커다란 턱은 무는 힘도 세다. 독으로 죽은 먹잇감을 물어뜯어서 순식간에 살점을 경단처럼 만들어 버린다.

배 끝에 맹독을 지닌 독침이 있으며, 그 독침으로 사람의 목숨을 빼앗기도 한다. 강력한 독침은 알을 낳는 산란관이 변해서 생긴 것으로 암컷에게만 존재한다. 또한 일벌은 모두 암컷이다. 위험한 벌이지만 밭의 채소를 먹어 치우는 배추벌레와 같은 해충을 잡아먹어서 사람에게 도움을 주기도 한다.

크 기 1~4.4㎝ **서식지** 유라시아·북아메리카·아프리카

장수말벌

테크닉

화려한 줄무늬로 경고

한눈에 말벌이라는 것을 알아챌 수 있는 주황색과 검은색 줄무늬는 무서운 독을 지녔다는 사실을 적에게 알리는 경고 신호이다.

말벌의 종류

말벌과 말벌의 일종인 쌍살벌은 나무 위, 땅속뿐만 아니라 사람이 사는 집의 처마 밑과 지붕 위에도 벌집을 짓는다. 무심코 다가갔다가 위험할 수도 있다.

좀말벌

장수말벌보다 몸집은 조금 작지만, 소형이라고 할 만큼 작은 건 아니다. 주변에서 가장 쉽게 찾아볼 수 있는 말벌로 정원의 나무에 집을 짓기도 하니 조심해야 한다.

- **크기** 2.1~2.7㎝
- **서식지** 한국·일본·중국

등검정쌍살벌

사람이 사는 곳 주변에서 서식한다. 정원의 나무나 처마 밑에 100여 마리가 함께 생활하는 벌집을 짓는다.

| 크 기 | 20~26㎜ | 서식지 | 한국·일본·몽골 |

땅벌

몸 빛깔은 검은색이며 광택은 선명하지 않다. 평지와 산에 살며 땅속이나 나무 구멍에 집을 짓는다. 온순하지만 자극하면 공격해 온다.

| 크 기 | 1.0~1.2㎝ | 서식지 | 한국·일본·중국 |

먹잇감을 경단처럼 뭉친다.

공격 포인트

말벌이 싸우는 이유는 애벌레를 보살피고 집을 지키기 위해서이다. 벌집 가까이 다가오는 존재는 사람처럼 거대한 적이라 해도 집단으로 대적한다.

말벌의 육아

벌집은 알을 낳고 애벌레를 키우기 위한 곳이다. 종이처럼 얇게 벗겨 낸 나무껍질로 벌집을 짓는다. 처음에는 여왕벌 한 마리가 집을 짓기 시작하지만, 일벌이 많아지면 엄청난 기세로 집의 크기가 불어난다.

▶ 벌집을 짓기 시작하는 여왕벌

일벌

벌집을 짓다!

쌍살벌

잠자리를 물어뜯다!

먹줄왕잠자리

먹잇감의 사냥 | 덩치 큰 잠자리가 쌍살벌에게 붙잡혔다. 커다란 턱으로 잠자리를 물어뜯어 경단처럼 뭉쳐서 애벌레의 먹이로 벌집에 가지고 간다.

말벌의 위기 상황 | 꿀벌의 애벌레를 잡으러 꿀벌 집에 들어간 말벌이 꿀벌 무리에 둘러싸였다. 잔뜩 몰려든 꿀벌의 열기를 견디지 못하고 말벌이 목숨을 잃고 만다.

말벌

목숨을 빼앗기다!

일본꿀벌

거미의 비밀

거미는 독으로 먹잇감을 사냥하는 사냥꾼이다. 하지만 사람에게 위험한 독을 지닌 거미는 극히 일부분이다.

배띠깡충거미

테크닉

놀라운 점프 실력

깡충거미 종류는 8개의 다리를 이용해 자신의 몸보다 8배나 되는 거리를 점프한다.

거미줄로 먹이를 잡는 거미와 깡충거미 종류처럼 거미줄 없이 점프해서 먹잇감을 덮치는 거미 등 다양한 방법으로 먹잇감을 사냥하는 거미가 존재한다. 거미줄로 사냥을 하지 않는 거미라도 이동할 때에는 배 끝에서 실을 뽑아 사용한다.

크 기 0.3~100mm

서식지 극지와 바다를 제외한 전 세계

위턱

테크닉

뛰어난 시력

깡충거미 종류는 눈이 8개나 된다. 앞쪽에 나란히 달린 4개의 눈은 시력이 매우 좋아서 사냥감까지의 거리를 정확히 측정할 수 있다.

파워

커다란 독니

위턱 끝에 달린 2개의 커다란 독니로 먹잇감을 물어서 독을 퍼트린다.

모기

거미의 종류

거미 중에는 멀리 이동하기 위해 하늘을 날아가는 거미가 있다. 길게 뽑아 낸 실을 바람에 날려 함께 날아간다. 이것을 거미의 '유사비행'이라고 한다.

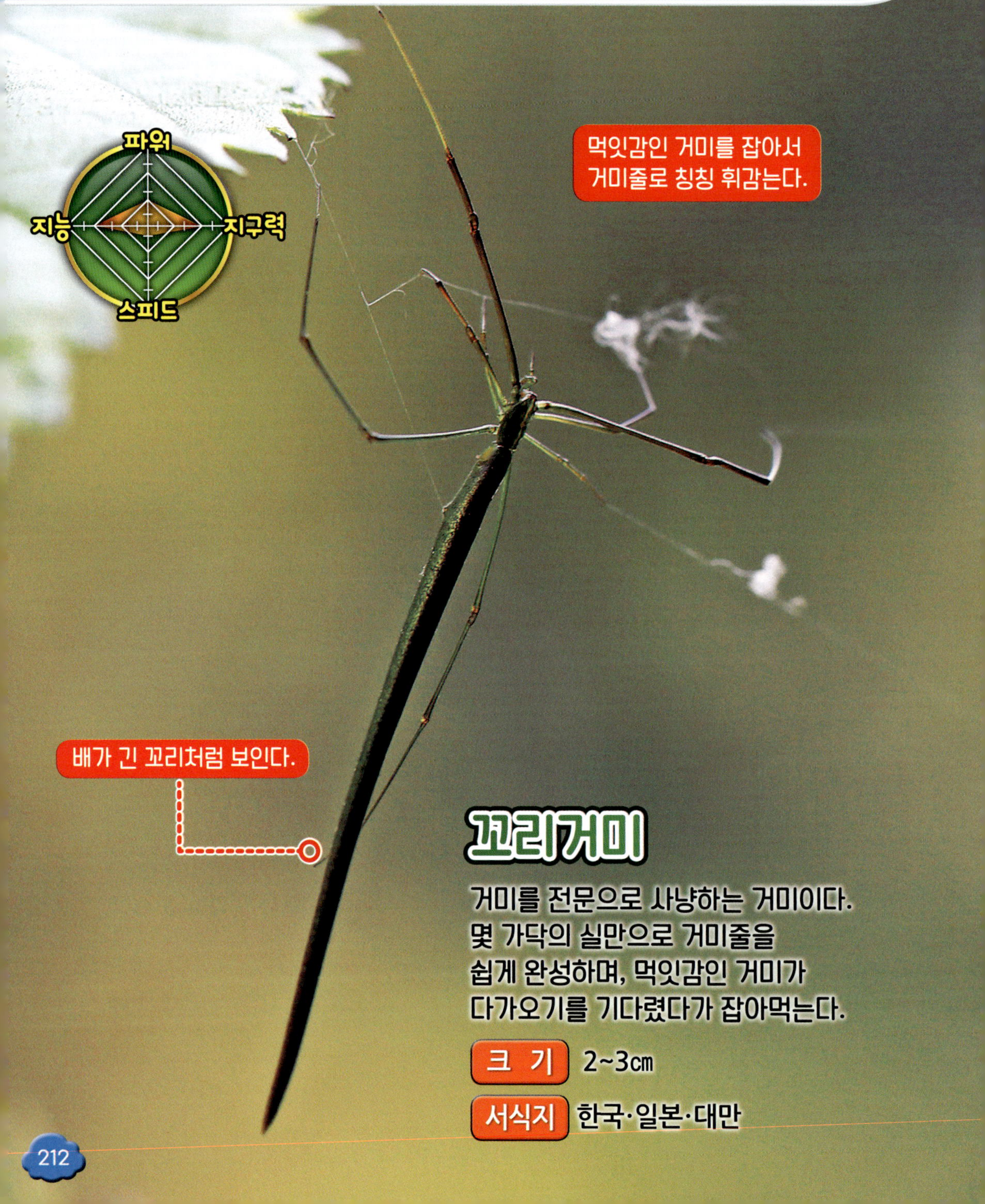

먹잇감인 거미를 잡아서 거미줄로 칭칭 휘감는다.

배가 긴 꼬리처럼 보인다.

꼬리거미

거미를 전문으로 사냥하는 거미이다. 몇 가닥의 실만으로 거미줄을 쉽게 완성하며, 먹잇감인 거미가 다가오기를 기다렸다가 잡아먹는다.

크 기 2~3㎝

서식지 한국·일본·대만

긴호랑거미

여름의 끝 무렵, 논밭에 둥근 거미줄을 친다. 거미줄 가운데에 실로 지그재그 모양을 만들고 그곳에 거꾸로 매달려 먹잇감을 기다린다.

크 기 2.0~2.5㎝

서식지 한국·일본·중국

꽃에 몸을 숨기고 가까이 다가오는 먹잇감을 공격한다. 자신보다 훨씬 커다란 꿀벌도 잡아먹는다.

살받이게거미

크 기 2~8㎜

서식지 한국·일본·중국

공격 포인트

모든 거미가 거미줄을 치고 먹잇감이 걸려들기만을 기다리는 것은 아니다. 거미줄을 치지 않고 직접 먹잇감을 쫓아가서 잡거나 몰래 숨어 있다가 공격하기도 한다.

먹잇감의 사냥

다른 거미보다 시력이 뛰어난 깡충거미 종류는 한번 노린 먹잇감은 절대 놓치지 않는다. 눈에 보이지 않을 만큼 빠르게 덤벼들어서 위턱으로 꽉 물어 버린다.

애벌레도 덥석

잽싸게 낚아채다!

파리

집단생활을 하다!

대집단 부화
거미는 대부분 실로 만든 캡슐 모양의 알주머니 안에 수많은 알을 낳는다. 알은 한꺼번에 부화하며 새끼는 알주머니에서 나와도 얼마 동안 집단생활을 유지한다.

거미의 유사비행
집단생활을 하던 새끼 거미가 성장하면 나뭇가지 끝으로 올라간다. 그런 다음, 배 끝에서 하늘로 실을 쏘아 올려 바람을 타고 함께 이동한다.

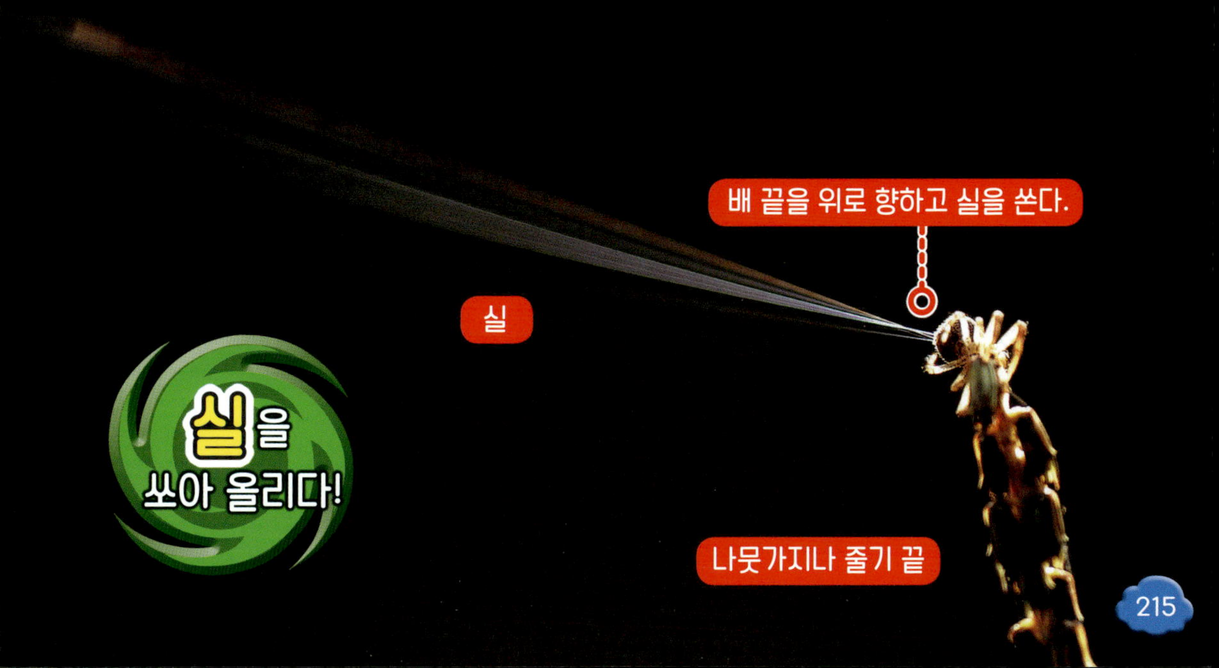

실을 쏘아 올리다!

실

배 끝을 위로 향하고 실을 쏜다.

나뭇가지나 줄기 끝

가상 배틀 26

대형 거미인 타란툴라가 공중 사냥꾼, 황조롱이의 눈에 띄었다. 타란툴라는 압도적으로 불리한 이 상황을 어떻게 벗어날 수 있을까?

독거미와 천적의 대결

타란툴라 VS **황조롱이**

➡ P67

타 **악**

① 타란툴라를 발견한 황조롱이가 급강하합니다!

파리매의 비밀

생김새는 벌과 비슷하며, 다른 곤충을 잡아먹는 포식성(동물이 다른 동물을 잡아먹고 생활하는 성질) 곤충이다.

파리매

청동풍뎅이

⚔️ 파워
근육으로 가득 찬 가슴

불룩 튀어나온 가슴에는 날개를 움직이는 엔진인 근육으로 촘촘히 들어차 있다.

생김새는 벌과 비슷해 보이지만, 사실 파리의 일종이다. 주둥이와 더듬이는 검은색이다. 성충은 주로 여름에 발생하며, 파리와 벌, 풍뎅이 등 다양한 곤충을 잡아먹는다. 수컷의 꼬리 끝에는 흰색의 털 다발이 있다.

| 크 기 | 25~28mm | 서식지 | 한국·일본 |

⚡ 테크닉

소화액을 주입
먹잇감에 주둥이를 찔러 넣어 소화액을 주입한 후, 살을 녹여서 주스처럼 빨아 먹는다.

⚔ 파워

가시투성이 다리
다리에 날카롭고 억센 가시가 잔뜩 돋아 있어서 먹잇감을 잡으면 놓치지 않는다.

공격 포인트

파리매는 벌레를 잡아먹는 육식성 곤충이다. 곤충 최강급인 말벌이나 장수잠자리를 제압할 때도 있다.

먹잇감의 사냥

지독한 냄새를 풍겨서 몸을 보호하는 노린재도 파리매를 이겨 내지는 못한다. 파리매에게 잡히는 순간 최후를 맞이하고 만다.

최후를 맞이하다!

파리매

광대노린재

먹잇감에 주둥이를 찔러 넣은 왕파리매

먹잇감을 낚아채다!

공중 사냥 | 두툼하고 튼튼한 가슴 근육으로 날개를 움직여서 엄청난 속도를 낸다. 날아다니는 사냥감도 순식간에 낚아챈다.

몸을 보호 | 꽃등에는 꿀벌이라고 착각할 정도로 꿀벌과 비슷하게 생겼지만 파리매와 마찬가지로 파리의 일종이다. 독침을 지닌 꿀벌과 닮은 모습 덕분에 위험에서 벗어날 수 있다.

꿀벌로 위장하다!

딱정벌레의 비행술

장수풍뎅이와 사슴벌레처럼 딱딱한 앞날개를 가진 딱정벌레 무리는 공중전에 약하다.

앞날개와 뒷날개로 비행

딱딱한 앞날개!

사슴벌레나 장수풍뎅이 등은 보통 딱딱한 앞날개와 얇은 뒷날개를 함께 펼쳐서 날아오른다. 딱딱한 앞날개 때문에 이리저리 자유롭게 날아다니지는 못한다.

뒷날개로만 비행

풍이도 딱딱한 앞날개를 지닌 곤충이지만, 다른 딱정벌레보다 비행 솜씨가 뛰어나다. 딱딱한 앞날개를 펼치지 않고 앞날개 밑에서 얇고 부드러운 뒷날개만 꺼내서 비행한다.

놀라운 비행술!

몸통으로 방어

단단한 몸통!

가장 단단한 날개를 지닌 쿠로카타바구미는 전혀 날지 못한다. 그 대신 바늘이 들어가지 않을 정도로 몸통이 단단해서 상대방의 공격을 거뜬히 막아 낼 수 있다.

희귀하다!
다양한 공중 생물

날개가 있는 생물만

하늘을 날 수 있는 건 아니다.

의외의 생물들이 자신만이 가진

특별한 방법으로 하늘을 날아다닌다.

신기하고 희귀한 공중 생물에는

누가 있는지 살펴보자.

박쥐의 비밀

새처럼 하늘을 자유자재로 날 수 있는 유일한 포유류이다.
초음파로 사냥감의 위치를 찾아내는 기술을 사용한다.

파워 / 지능 / 지구력 / 스피드

 **테크닉**

크고 예민한 귀

토끼처럼 커다란 귀는 사람에게 들리지 않는 초음파를 정확히 감지해 낸다.

사마귀입술박쥐

 **테크닉**

특이한 코 모양

특이한 코 모양을 하고 있는 박쥐의 종류는 코에서 초음파를 내보낸다. 입에서 초음파를 내보내는 종류도 있다.

박쥐의 종류

작은박쥐류는 주로 초음파를 이용해서 사냥을 한다. 큰박쥐류는 날아다니며 눈으로 주변을 살펴서 과일과 꽃꿀을 찾아낸다. 과일을 먹어서 '과일박쥐'라고도 불린다.

불독박쥐

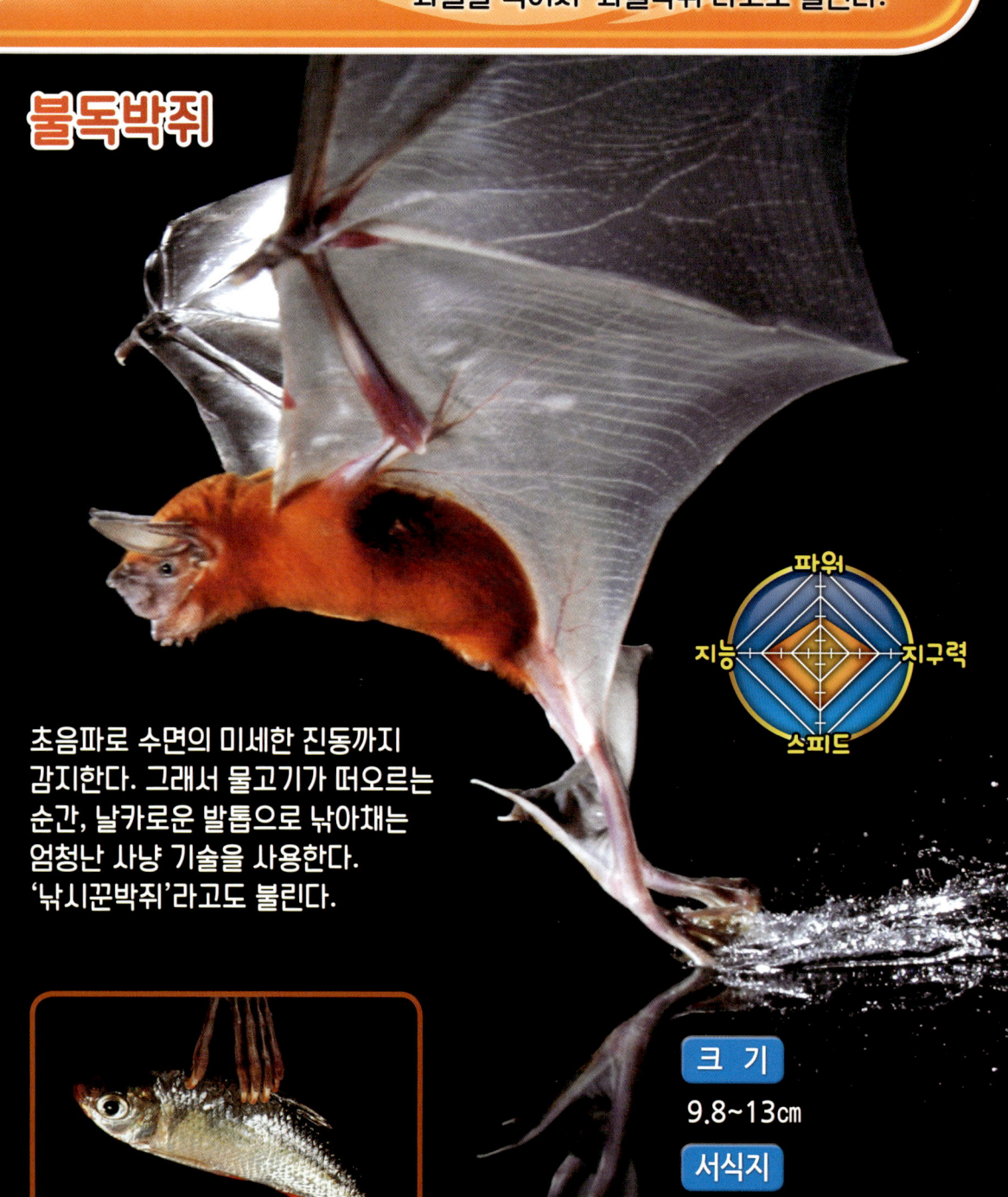

초음파로 수면의 미세한 진동까지 감지한다. 그래서 물고기가 떠오르는 순간, 날카로운 발톱으로 낚아채는 엄청난 사냥 기술을 사용한다. '낚시꾼박쥐'라고도 불린다.

물고기를 움켜쥔 발톱

크 기
9.8~13㎝

서식지
북아메리카·중앙아메리카·남아메리카

황금모자과일박쥐

필리핀에서 가장 크고, 세계에서 가장 무거운 박쥐 중 하나이다. 날개를 펼친 길이가 1.7m에 이른다. 주식으로 과일을 먹는다. 개체 수가 줄어서 멸종 위기에 놓여 있다.

- **크 기** 28㎝
- **서식지** 필리핀

실제 크기

흡혈박쥐

날카로운 이빨로 소나 말, 돼지와 같은 가축의 피부를 물어뜯어 흘러나오는 피를 핥아먹는다. 사람의 피를 빨아 먹는 일은 거의 없다.

- **크 기** 7~9㎝
- **서식지** 북아메리카·남아메리카

공격 포인트

박쥐는 야행성으로, 낮에는 나무 구멍이나 동굴에 거꾸로 매달려서 휴식을 취한다. 저녁이 되면 먹잇감을 찾아 활동을 시작한다.

천적의 공격 저녁이 되면 동굴에서 몰려나오는 수많은 박쥐를 노리고 매가 잠복해 있을 때도 있다. 몇몇 박쥐는 매에게 쉽게 잡아먹히고 말지만, 박쥐의 수가 너무 많아서 무리 전체에는 별다른 피해를 주지 못한다.

붙잡힌 박쥐

매에게 붙잡히다!

**초음파**로 찾아내다!

초음파

먹잇감 탐색 | 코나 입에서 나오는 초음파가 사냥감에 닿아 튕겨 나오는 소리로 사냥감의 위치를 알아낸다.

먹잇감 사냥 | 곤충 등의 먹잇감은 이리저리 날아다니며 필사적으로 도망치지만, 박쥐는 훨씬 더 뛰어난 비행술로 쫓아가서 사냥에 성공한다.

**비행술**이 뛰어나다!

가상 배틀 28

남아메리카 숲에서 개구리를 잡아먹는 사마귀입술박쥐와 개구리 종류 중 덩치가 큰 두꺼비의 대결이 시작됐다!

야행성 동물의 대결

사마귀입술박쥐 VS **두꺼비**

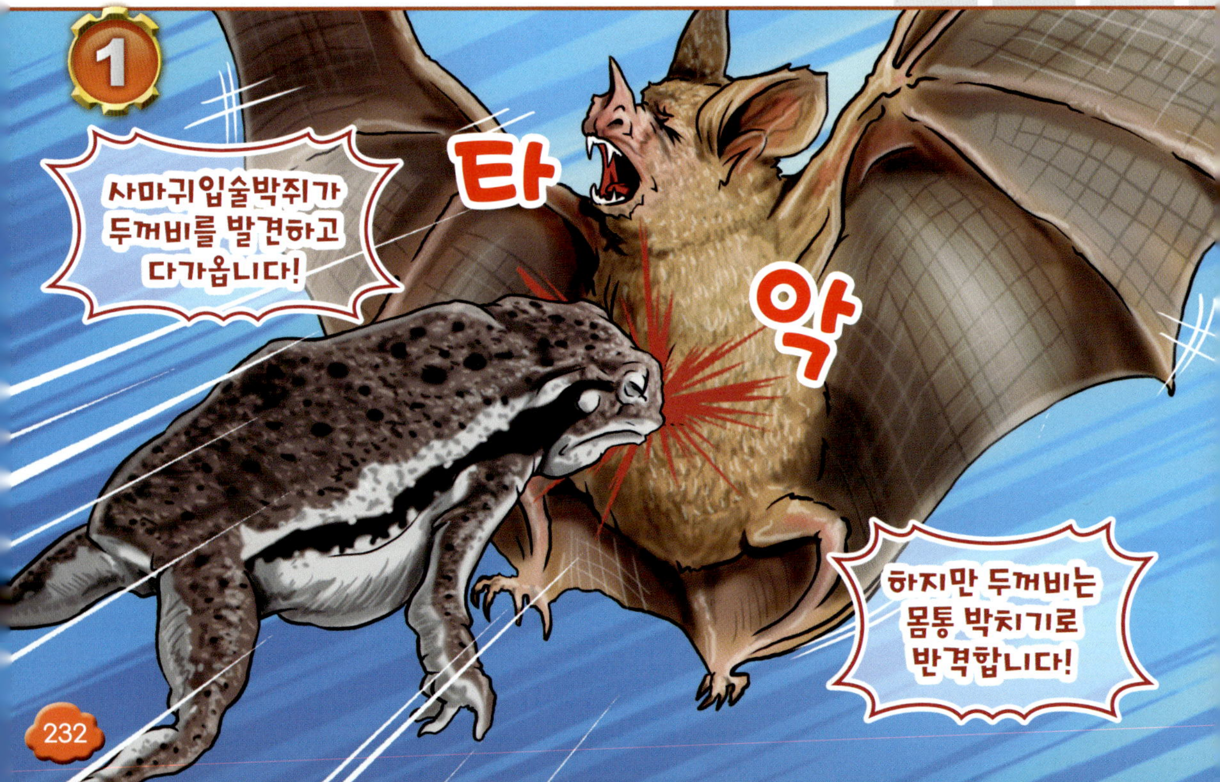

1

사마귀입술박쥐가 두꺼비를 발견하고 다가옵니다!

타
악

하지만 두꺼비는 몸통 박치기로 반격합니다!

하늘을 나는 뱀의 비밀

몸을 비행기 날개처럼 납작하게 만든 뒤, 높은 나무에서 미끄러지듯이 하늘을 날아간다.

파워 / 지능 / 지구력 / 스피드

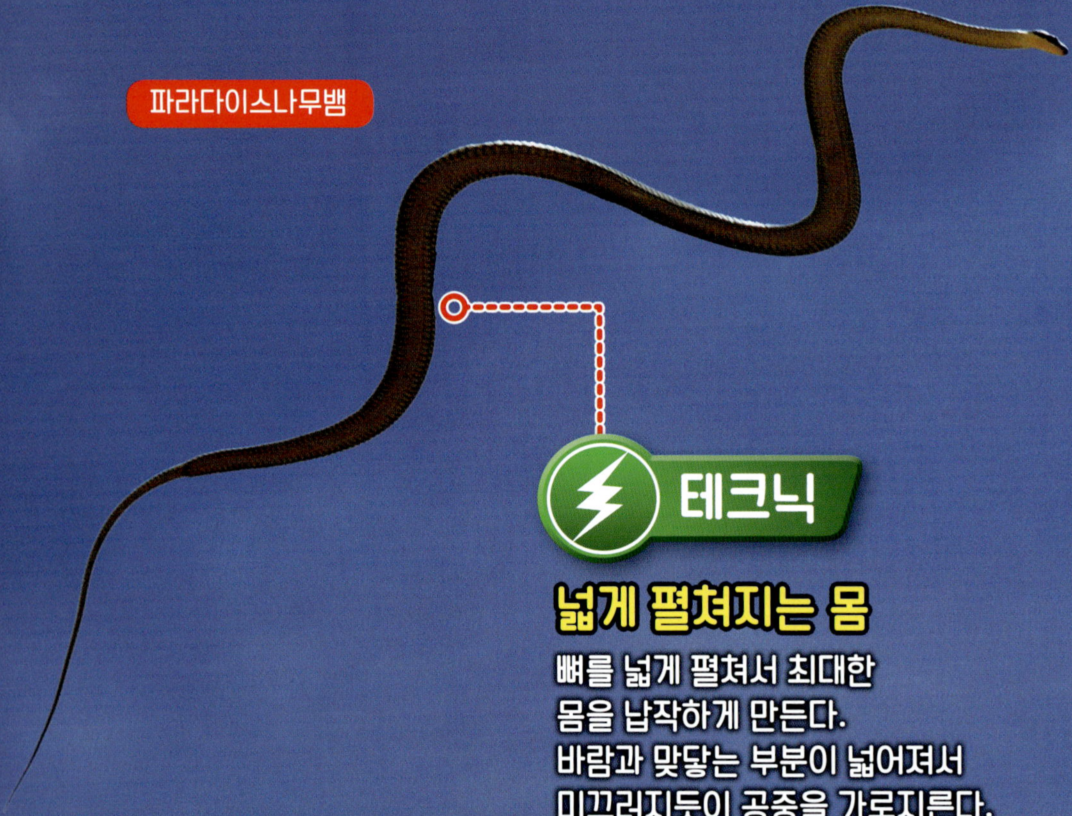

파라다이스나무뱀

⚡ **테크닉**

넓게 펼쳐지는 몸

뼈를 넓게 펼쳐서 최대한 몸을 납작하게 만든다. 바람과 맞닿는 부분이 넓어져서 미끄러지듯이 공중을 가로지른다.

하늘을 나는 뱀은 동남아시아에 5종류가 살고 있다. 높은 나무 위에서 뛰어내려 몸을 구불거리며 미끄러지듯이 하늘을 난다. 때로는 100m나 떨어진 나무까지 날아가기도 한다. 독이 있는 뱀도 있으니 조심해야 한다.

크기 1~1.2m　**서식지** 동남아시아

날도마뱀의 비밀

꼬리가 매우 길고 몸집이 작은 도마뱀이다. 날개처럼 생긴 얇은 익막을 펼쳐서 하늘을 난다.

 테크닉

날개의 뼈대

하늘을 날 때 사용하는 얇은 익막은 5~7개의 기다란 가슴뼈가 뼈대를 형성한다. 평소에는 뼈대와 익막을 접고 있다가 날 때만 활짝 펼친다.

평소의 모습

말레이날도마뱀

동남아시아 숲에 15종의 날도마뱀이 살고 있다. 알을 낳을 때를 제외하고는 항상 나무 위에서 생활한다. 이동하거나 위험한 상황에서 도망칠 때에는 익막을 펼쳐서 미끄러지듯이 하늘을 날아 나무 사이를 이동한다.

크 기 20~36cm　**서식지** 동남아시아

날도마뱀붙이의 비밀

물갈퀴처럼 생긴 발가락 사이의 익막과 몸통의 익막을 펼쳐서 활공한다. 주로 높은 나무 위에서 산다.

 테크닉

몸통 곳곳의 익막

발가락 사이뿐만 아니라, 다리와 몸통, 꼬리에도 하늘을 날기 위한 익막이 달려 있다. 날 때는 익막을 전부 펼쳐서 바람에 닿는 면적이 넓어지게 한다.

날도마뱀붙이는 30m나 되는 높은 나무 위에서 산다. 나무 사이를 이동하거나 천적의 공격을 받았을 때에는 나뭇가지 끝에서 뛰어내려 하늘을 비행한다. 이러한 방법으로 땅에 내려오지 않고 나무 위에서 계속 생활할 수 있다.

- 크 기 15~18cm
- 서식지 동남아시아

하늘을 나는 개구리의 비밀

긴 발가락 사이의 커다란 물갈퀴를 펼치고 배를 집어넣은 뒤, 몸통을 납작하게 만들어 활공한다.

파워 / 지능 / 지구력 / 스피드

⚡ 테크닉

낙하산처럼 펼쳐지는 물갈퀴

앞다리와 뒷다리의 발가락이 매우 길며, 발가락 사이에 검고 얇은 막의 물갈퀴가 있다. 엄청난 크기의 물갈퀴는 하늘을 날 때만 사용한다.

윌리스날개구리

몸에 비해 발가락이 길다.

개구리는 보통 헤엄칠 때 물갈퀴를 사용하지만, 하늘을 나는 개구리는 날기 위해 물갈퀴를 사용한다. 나무 위에 살며 물갈퀴를 활짝 펼치고 나무에서 뛰어내려 바람을 타고 미끄러지듯이 비행한다.

크 기 8~10cm　**서식지** 동남아시아

가상 배틀 29

뱀의 천적, 뱀잡이수리가 다가온다! 뱀잡이수리의 강력한 발길질을 파라다이스나무뱀이 막아 낼 수 있을까?

뱀과 천적의 대결

파라다이스나무뱀 VS **뱀잡이수리**

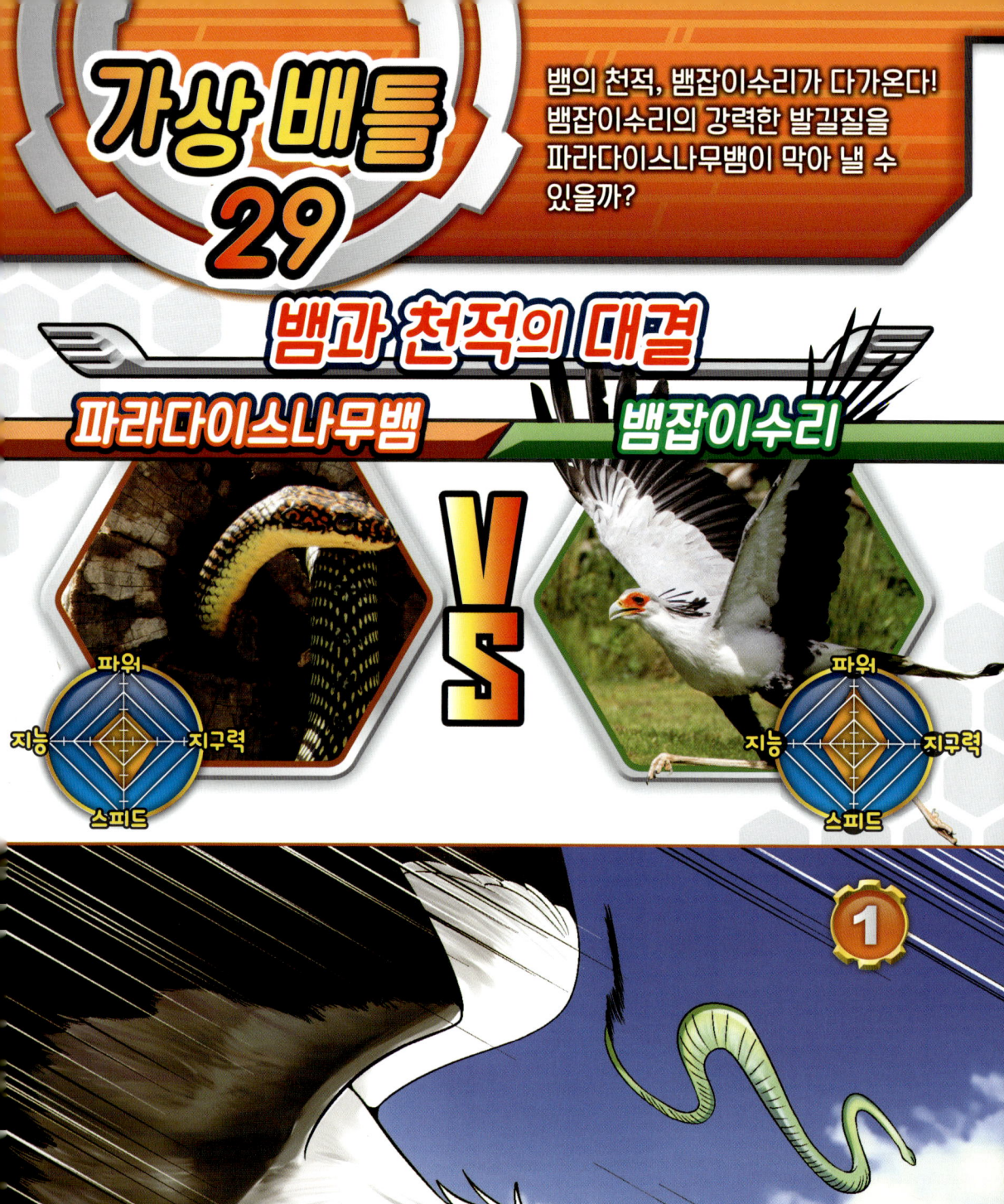

① 뱀잡이수리가 하늘을 날고 있는 파라다이스나무뱀을 발견했습니다!

날다람쥐의 비밀

나무 위에 서식하는 다람쥐의 일종이다. 하늘을 날 때 사용하는 익막이 앞다리에서 뒷다리, 꼬리까지 연결되어 있다.

파워 · 지능 · 지구력 · 스피드

 테크닉

균형 잡는 꼬리

앞다리에서 뒷다리, 꼬리까지 연결된 익막을 활짝 펼치면 방석만한 크기로 변한다. 커다란 몸통에 알맞은 기다란 꼬리로 균형을 잡으며 능숙하게 활공한다.

길고 큼직한 꼬리

낮에는 나무 구멍에서 잠을 자고 밤이 되면 활동을 시작한다. 나무와 나무 사이를 이동할 때 앞다리와 뒷다리, 꼬리 사이의 익막을 펼쳐서 활공한다. 바람이 없을 때에는 약 20m, 바람을 타고 활공하면 100m까지도 이동할 수 있다.

| 크 기 | 27~48cm | 서식지 | 한국·중국·일본 |

일본하늘다람쥐의 비밀

날다람쥐와 같은 다람쥐의 일종이지만, 엄연히 다른 종류이다. 몸집이 작으며 익막을 펼치고 밤하늘을 날아다닌다.

⚡ 테크닉

다리 사이의 익막

날다람쥐는 하늘을 날기 위한 막이 앞다리에서 뒷다리, 꼬리까지 연결되어 있지만 일본하늘다람쥐는 앞다리와 뒷다리 사이에만 익막이 달려 있다. 몸집이 작아서 이것만으로도 충분하다.

둥글고 커다란 눈

숲에 서식하는 작은 다람쥐의 일종이다. 낮에는 주로 나무 구멍에서 잠을 자며 어두워지면 활동을 시작한다. 겉모습은 날다람쥐와 비슷하지만, 훨씬 작다. 앞다리와 뒷다리 사이의 익막을 펼쳐서 30m까지 날기도 한다.

| 크 기 | 14~20㎝ | 서식지 | 일본 |

유대하늘다람쥐의 비밀

앞다리와 뒷다리 사이의 익막으로 하늘을 날며, 나무 위에서 나무즙과 꽃꿀, 곤충 등을 먹으며 살아간다.

⚡ **테크닉**

활공하는 능력
몸집은 작지만 익막을 넓게 펼치고 바람을 잘 타면 50m까지도 날아갈 수 있다.

'하늘다람쥐'라는 이름이 붙었지만, 하늘다람쥐와는 전혀 다른 종류이다. 오스트레일리아에 살며 캥거루와 똑같이 배에 새끼를 키우는 주머니가 있는 유대류이다. 위험한 밤에 땅에 내려오지 않고도 살아가기 위해서, 유대류 중에서도 하늘을 나는 생물이 탄생하게 되었다.

| 크 기 | 16~21㎝ |
| 서식지 | 오스트레일리아 |

날원숭이의 비밀

커다란 익막을 지녔으며, 100m 넘게 비행한다는 기록이 있다. 이름은 원숭이지만 원숭이와 다른 종류의 동물이다.

익막으로 햇빛을 가리는 것처럼 보인다.

순다날원숭이

 테크닉

커다란 익막

하늘을 날 때 사용하는 익막이 머리 양옆부터 앞다리의 발가락 끝과 뒷다리의 발가락 끝, 꼬리 끝까지 뺑 둘러서 크게 연결되어 있다. 날원숭이의 익막은 다른 동물에 비해 현저히 크다.

갈고리발톱은 나무를 오를 때도 유용하다.

동남아시아의 정글에 2종류의 날원숭이가 서식하고 있다. 야행성이며 커다란 익막을 펼치고 나무와 나무 사이를 활공하여 이동한다. 풀쩍 날아올라 날카로운 갈고리발톱으로 나무줄기에 찰싹 달라붙으며 착지한다.

| 크 기 | 22~42㎝ | 서식지 | 동남아시아 |

눈표범의 비밀

점프가 주특기인 고양잇과 동물 중에서도 특히 뛰어난 점프 실력을 지녔다.

파워 / 지능 / 지구력 / 스피드

 파워

놀라운 점프 실력
한번에 15m까지 뛰어넘은 기록이 있으며, 이 높이는 포유류의 점프로는 최고 기록 중 하나이다.

히말라야처럼 높은 산 절벽에 사는 표범의 일종이다. 바위 뒤에 숨어 있다가 가까이 다가오는 먹잇감을 엄청난 점프 실력으로 덮치곤 한다.

크 기	1~1.3m
서식지	중앙아시아

 테크닉

굵고 긴 꼬리
고양잇과 동물 중에서 가장 굵고 긴 꼬리를 지녔다. 어떤 자세로 점프를 해도 균형을 잡을 수 있다.

캥거루의 비밀

길고 튼튼한 뒷다리로 멀리 점프한다. 긴 꼬리로는 균형을 잡으며 앞으로 뛰어나간다.

두꺼운 꼬리
두껍고 긴 꼬리는 균형을 잡아 주며, 몸을 지탱해 주는 역할을 한다. 꼬리만으로도 몸을 일으킬 수 있다.

튼튼한 뒷다리
튼튼하고 긴 뒷다리는 많은 근육으로 이루어져 있다. 달리거나 천천히 걸을 때에도 뒷다리를 동시에 움직인다.

뒷다리를 모아서 힘차게 점프하고, 두꺼운 꼬리로 균형을 잡으며 앞으로 뛰어나간다. 전속력으로 달리면 한번에 폭 9m, 높이 3m까지 뛰어올라서 시속 60km의 속도로 질주할 수 있다.

| 크 기 | 75~140㎝ | 서식지 | 오스트레일리아 |

날치의 비밀

위협을 느끼면 물 밖으로 튀어나와 달아나는 모습이 비행하는 것처럼 보인다 하여 '날치'라고 불린다.

천적에게 쫓기면 세차게 꼬리지느러미를 움직이며 속도를 높여서 수면으로 뛰어오른다. 커다란 가슴지느러미를 날개처럼 펼쳐서 비행기처럼 하늘을 난다. 그 거리는 300~400m나 되며 45초 동안 계속해서 비행한 기록이 있다.

크 기 25~35cm **서식지** 전 세계의 따뜻한 바다

테크닉

날개처럼 생긴 가슴지느러미

길쭉한 가슴지느러미는 헤엄치기 위한 것이 아니라 하늘을 날기 위해 진화된 것이다. 헤엄칠 때에는 몸에 달라붙어 있고 수면 위로 뛰어오를 때에만 가슴지느러미를 펼친다.

하늘을 나는 오징어의 비밀

오징어는 전 세계에 450~500종이 서식하고 있다. 그 가운데 10여 종이 하늘을 난다는 사실이 밝혀졌다.

빨강오징어

⚡ 테크닉

날개로 사용하는 다리 사이의 막

머리의 삼각형 지느러미뿐만 아니라, 다리에 붙은 막을 날개처럼 펼쳐서 하늘을 날 수 있다.

참치 등의 천적에게 쫓기면 제트 엔진처럼 세차게 물을 내뿜으며 물속에서 뛰어오른다. 그리고 머리의 삼각형 지느러미와 다리 사이의 막을 펼쳐서 글라이더처럼 활공한다. 물 밖으로 튀어나와 적의 눈을 피해 멀리 도망치기 위한 비행이다.

크 기 20㎝ **서식지** 전 세계의 따뜻한 바다

뭉크쥐가오리의 비밀

해수면 위로 무리 지어 점프하는 유명한 가오리이다. 커다란 몸집으로 높이 뛰어오른다.

거대한 가슴지느러미

몸통부터 연결된 거대한 가슴지느러미로 물을 세차게 저으며 물속에서 뛰어오른다. 그 높이는 2m에 이른다.

> 뿔이 달린 악마가 날개를 펼치고 날아오르는 모습 같다고 해서 '악마가오리'라고도 불린다.

번식기가 되면 엄청난 무리의 수컷이 모여서 해수면 위로 높이 뛰어오르는 행동을 반복한다. 암컷을 향한 프러포즈라고 하지만, 자세한 이유는 밝혀지지 않았다.

| 크 기 | 2.2m | 서식지 | 동태평양의 따뜻한 바다 |

돌고래의 비밀

돌고래가 낮게 점프하는 이유는 바닷속을 헤엄치는 것보다 쉽게 앞으로 나아갈 수 있기 때문이다.

돌고래는 수시로 해수면 위를 높게 점프하기도 한다. 장난을 치려고 뛰어오를 때가 많지만, 프러포즈를 하거나 빨판상어를 따돌리는 등 다른 여러 가지 이유가 있다고 한다.

크 기 2.4~3.7m(큰돌고래)   **서식지** 전 세계의 바다

큰돌고래

파워

근육질 몸통
온몸이 근육으로 이루어졌다. 이러한 근육으로 꼬리지느러미를 세차게 움직이며 맹렬한 속도로 나아간다.